現代イギリスの人種問題

有色移民と白系イギリス人の多様な人種関係

巻口勇次　著

信　山　社

はじめに

筆者がイギリスの人種問題に関心を持ったきっかけは、今から四二年前の一九六五年にさかのぼる。その年、三一歳になった私は、ケンブリッジ大学英文学部の聴講生として二度目の渡英を果たしたのだった。「果たす」という表現は、いささか気負った言い方かもしれない。しかし、当時の日本経済はまだ力が弱く、日英為替レートは一ポンドが八〇〇円前後もする時代であった。したがって、英語の古里イギリスは、心理的にも経済的にも、はるか一万キロの彼方に浮かぶ夢の国であった。

それはともかく、その年、ガトウィック空港からロンドン市内に向かうダブルデッカーの車窓から目にしたブリックストンの光景は、今でも鮮烈な記憶となって脳裏に焼きついている。ブリックストンの通りという通りは、黒人であふれていたのである。一瞬、「ここはイギリスなのか」とわが目を疑ったほどである。

筆者は、この体験から数ヶ月後、ケンブリッジ大学のさる大学院生（タンザニア人留学生）からこんな話を聞いて、さらに驚いた。

「ブリックストンは、ジャマイカからやってきた西インド諸島人が多い街です。これはつい七年前のことですが、そこからあまり離れていないノッティンガムやノッティング・ヒルの大規模な人種暴動が、ブリックストンにも飛び火し、イギリス全土に大きな衝撃を与えました。彼らは第二次大戦後の復興期に、イギリス政府から低廉な労働力として招かれたのですが、ひとたび経済が落ち込み巷に失業者があふれると、白人労働者との間に仕事の奪い合いが始まりました。こうした状況の中で、黒人は、白人労働者から執拗な人種的嫌がらせや暴力を受けるようになったのです。あの一連の激しい人種暴動は、白人のそうした理不尽な仕打ちに対して、黒人の鬱積した怒りが爆発したものだと言われています」

また、彼の説明によれば、一定の限られた地域に黒人の数が急増したため、多くの白人が不安と恐怖を感じたのだという。ちなみに、それから四年後、たまたま筆者が手にしたイギリスのタブロイド紙（一九六八年七月二日付「デイリー・ミラー」）には、当時の国民感情を代弁するかのように、保守党政治家イーノック・ポウエルのこんなアジ演説が掲載されていた。

「イギリス人は、移民によって侵食されています。今でも熱帯地方からの移民が年に六万人も殺到し、その二倍の数のイギリス人が国外に流失している限り、もはやこれを黙ってみているわけにはいきません。私たちは、すでに一五〇万人にのぼる有色移民のコミュニティーを持っていますが、さらに毎週一〇〇〇人もの移民がこの国に押し寄せているのです」

本書はこうした筆者の経験が動機となったこともあって、有色移民の人種暴動に力点の一つを置いている。具体的には、ノッティンガムの人種暴動（一九五八年）、ノッティング・ヒルの人種暴動（一九五八年）、ブリックストンの人種暴動（一九八一年、八五年、九五年）、ハンズワスの人種暴動（一九八五年）、トトゥナムの人種暴動（一九八五年）、ブラッドフォードの人種暴動（二〇〇一年）について、その背景と発生、拡大、および収束のプロセスを明らかにした。

また、筆者は一九六五年以来、渡英は一五回あまりを数え、合わせて約二年半をイギリスで過ごしたことになるが、この間に有色移民が集中しているロンドン（ブリックストン、ノッティング・ヒル、およびハンズワス）、レスター、バーミンガム、リバプールなどを訪れて、彼らについての情報を収集した。特に、ロンドン、レスター、およびバーミンガムでは、市当局の人種関係委員会に出向き、担当職員から直接話を聞くと同時に、これらの委員会が作成した報告書やパンフレットなどを入手した。本書では、こうしたフィールドワークのお陰で、それぞれの自治区や都市における人種的嫌がらせの実態とそれへの取り組みを明らかにすることができた。

さらに、筆者は、一九九八年の夏、勤務大学の公務でレスターのデモント・フォート大学を訪れたとき、大学の構内や街のいたるところで見かけたポスターにより、一九九三年秋、ロンドンのイースト・エンドで発生した黒人青年スティーヴン・ローレンス殺害事件のことを知った。本書では、これが契機となって、デモント・フォート大学の教員や人種問題の専門誌「ＣＡＲＦ」などから得た情報をもとに、この事件の性格と社会的反響、警察による初動捜査の問題点などを検証した。ちなみに、本件は五人の人種差別主義者による犯行だと言われているが、司法当局から証拠不十分と判断され、彼らは不起訴となっている。

本書では、その他にも、学校における教師と黒人生徒との人種的対立、異人種間結婚と混血児に対するイギリス人の先入観、有色人の雇用、職種、昇進に関わる人種差別、世論調査にみる人種関係の全体像、有色移民同士の人種・民族関係、生活の中の異文化摩擦、テロの発生とイスラモフォビア（イスラム教徒嫌い）などについて、できるだけ多くの具体例を挙げながら検証した。

読者の方々が本書を通して多民族国家イギリスの多様な人種関係に関心を持っていただければと願っている。それは、いみじくもイギリス駐日大使デイヴィッド・ライト卿が（社）日本時事英語学会創立四〇周年記念の年次大会で強調したように、外国人労働者との調和の取れた人種関係は、少子高齢化と産業の空洞化が現実のものとなっている日本にとっても、避けて通ることのできない問題だからに他ならない。

二〇〇七年四月

巻口　勇次

目次

目次

目　次

目次

第一章　第二次大戦後における有色移民の流入

(一) 西インド諸島系移民の流入

一九四八年六月二二日土曜日のタイムズ紙は、四九二人の西インド諸島人を乗せた元軍隊輸送船ウィンドラッシュ号がイギリスに到着したときの様子を、次のように報じている。

「この国で就職しようと、月曜日にティルバリーに到着した四九二人のジャマイカ人のうち二三六人は、昨夜クラパム・サウスの防空壕に居を定めた。その他の者には、身を寄せる知人がいたり、仕事のあてがあった。このジャマイカ人たちは、元軍隊輸送船で、ティルバリーに到着したのだった。彼らの中には、歌手、学生、ピアニスト、ボクサー、全員が揃ったダンス・バンドの楽団員などがいた。すでに三、四〇人は、鉱山労働者として働きたいと申し出ている」

このウィンドラッシュ号は西インド諸島からの最初の移民船だったが、同年一〇月にオルビタ号が、また翌年七月にはジョージック号が、黒人移住者を乗せてイギリスにやってきた。しかし、一九五一年までは、西インド諸島からイギリスへの移住者は数が少なく、一〇〇〇人を越えることはなかった。

ちなみに、このときオルビダ号とジョージック号でやってきた移住者は、それぞれ一八〇人と二六九人に過ぎなかった。

さて、この黒人労働者たちが、イギリスにやってきた主な理由は三つあった。

先ず第一は、戦後の復興期に好景気を迎えていたイギリスが、大量の労働力を求めていたことである。特に、ロンドンの公共交通機関や医療サービスの分野がそうであった。第二次世界大戦は、労働市場に大きな不均衡をもたらしたのである。第二は、大英帝国の時代に、英連邦のカリブ諸島人の大半が失業と貧困に苦しんでいたことである。一九四四年のハリケーンがこれに追い討ちをかけ、数千人が住む家を失った。この嵐は、小規模な農業経営者の作物を全滅させたばかりでなく、ジャマイカの経済を完全に打ちのめした。その上、この島は、最高の頭脳や才能を持った人々が海外に流出したため、更なる打撃を被ることになった。第三は、アメリカが新移民法（マッカラン法）を実施したため、西インド諸島からの出稼ぎ労働者が、実質的にアメリカへの入国を禁止されたことである（Sewell, T., *Keep on Moving*, 1998)。

ここで、西インド諸島の歴史を簡単に振り返ることにしよう。この大西洋上に浮かぶ大小さまざまの島々は、一五世紀末、イタリア人航海家コロンブスがサン・サルバドルやジャマイカに到達したとき、そこを目的地のインドと勘違いしたため、こう呼ばれるようになったと言われている。

当初、ジャマイカ、バルバドス、トリニダード・トバゴなどの島々は、コロンブスに資金援助をしたスペインの植民地となり、アフリカから輸入された黒人奴隷による砂糖きびの栽培と砂糖の精製が主な産業となった。その後、これらの島々はイギリスに譲渡され英領植民地となったが、第二次大戦後に独立してからも英連邦に留まったため、島民たちは宗主国のイギリスに移住することが許されたのである。

前述のように、戦後、好景気を迎えていたイギリスの産業界が彼らの労働力を求めていたのと、失業と貧困に苦しむ彼らが繁栄する宗主国に新天地を求めたのとが重なって、西インド諸島の黒人が大挙してイギリスにやって来たのだが、彼らは白人が嫌がる低賃金の清掃作業員やその他の肉体労働者として、この国の経済の底辺を支えたのである。

さて、西インド諸島人がイギリスに移住した経緯を詳細にみると、以下のとおりである。

西インド諸島人の入国は、一九五四年以前はごく少数であった。五一年以前は、たかだか一〇〇〇人以下であったし、五二年、五三年においても、二三〇〇人を越えることはなかった。当時、彼らは、イギリスよりも北米や中米に移住したのである。それが五二年になると、合衆国におけるマッカラン法の実施と戦後のイギリス経済の復興と完全雇用によって、移住の流れがアメリカからイギリスへ変わった。その影響が五四年から現れ始め、内務省の統計によれば、入国者は九二〇〇人に増え、五六年には三万人を越えて最初のピークを迎えた。しかし、五六年はスエズ動乱と金融引き締めの年でもあり、その影響から五七年には約二万八〇〇〇人に減り、さらに五八年にはノッティンガムとノッティング・ヒルで人種暴動が発生したため、同年とその翌年には移住者の数は増えなかった。その後は、一九六二年七月の英連邦移民法の制定により移民の数が制限されるという噂が広まり、駆け込み移住が急増した。具体的な数字を挙げれば、六〇年には五万七〇〇〇人、六一年には七万五〇〇〇人と増え、記録的な数となった。六二年は七月初めに同法が実施されるまでの半年間だけでも、移住者は約三万六〇〇〇人に達した。皮肉にも、移住を抑制するはずの移民法が、かえってその実施直前まで、移住者を増やす結果となったのである。さらに、同法はすでにイギリスに定住していた移民に合流する被扶養家族の入国を認めたので、同法実施以後も五〇年代後半の水準を上回る数が流入した。これにあわてたイギリス政府は、英連邦からの移住にさらに厳しい制限を加えるため六五年に白書を発表し、翌年それを「出入国管理官への通達」で具体化した。その結果、西インド諸島からの移住は致命的な打撃を受け、七一年には、流入より流出が上回ることになった（富岡次郎『現代イギリスの移民労働者』）。

㈡　インド系・パキスタン系移民の流入

次に、インド人やパキスタン人などの東アジア人が、イギリスに移民としてやってきた経緯についてみる。これには、西インド諸島人の場合と同じように、経済的要因と社会・文化的な要因が複雑に絡み合っている。

P・J・マジウィックは、その著『一九四五年以降のイギリス』(*BRITAIN SINCE 1945, 1982*)の中で、第二次大戦後、インド人やパキスタン人がイギリスに移住した経緯について、次のように述べている。

「戦後におけるイギリスへの移民は、帝国主義の余波であった。アフリカ、西インド諸島、インド、およびパキスタンなどの元植民地の人々は、宗主国における家族の絆は希薄だったが、オーストラリア人やカナダ人のように、イギリスを自分たちの母国だと考えていた。彼らの中には、大戦中、イギリスにいた者もあった。今や、旅の路線は立派に整っていた。一九五〇年代初頭のアメリカが移民に対して障壁を設けたのとは逆に、イギリスは自国への移民を奨励したのである。イギリスの国籍に関する特別な法律によって、英連邦の市民は、すべてイギリスに居住し、イギリス市民になる権利を持っていた」

このように、マジウィックは東アジア人がイギリスへの移住に踏み切った経緯をいくつかの要点に絞って簡潔に述べているが、この記述だけでは、いささか説明不足の嫌いもあるので、以下では総合的な視点に立ってこの問題を整理してみよう。

①前述のように、イギリスの医療や交通サービス、繊維業界などは、戦後の復興期に大量の労働力を必要としていたため、進んで移民を奨励した。これは、イギリス側からみると、移民を呼び寄せたことになるので、「引き寄せる理由(pull-reason)」と呼ばれている。

②東アジアからの移民がやってきた一九六〇年代におけるイギリスとインド・パキスタン（筆者注―主に、パンジャブとグジャラート地方）との賃金格差は、実に三〇対一であった。したがって、移住者から見れば、この相対的な貧しさが彼らを祖国からイギリスに押し出したことになるので、「押し出す理由（push-reason）」と呼ばれている。なお、祖国で、医師、技術者、教師などが彼らの能力と資格に見合った職業に就けなかったことも、彼らを押し出す理由となった。

③インドやパキスタンからの移民は、元植民地の同胞だったこと、および第一次大戦中にイギリス軍に徴兵され、イギリス人と一緒に戦った人々が多かったことなどから、イギリスを自分たちの母国だと考えていた。

④英連邦の市民は、イギリスのパスポートを持っていたので、自由にイギリスに行き来することができた。

⑤彼らはまた、イギリスに居住し、イギリス市民になる権利も持っていた。

⑥イギリスから独立後のウガンダやケニアで、アフリカ純粋化運動（Africanization）が起こったため、当地で富や権力を握っていた多くのインド商人とその家族が、一九七二年に大挙してイギリスへ移住した。イギリスは彼らの移住を歓迎しなかったが、独裁者としてのアミン大統領を信用できなかったウガンダの裕福なインド商人たちは、ウガンダの市民権を放棄してイギリスへの移住を決意した。

⑦第一次大戦中に三五万人ものパンジャブ人がイギリス軍として戦ったが、この軍隊でのさまざまな経験が後押しする形となって、第二次大戦後、多くのパンジャブ人がイギリスへ移住した。

⑧パンジャブ人には、「イザット」と呼ばれる一種独特の名誉感情があり、これがイギリス移住への動機づけとなった。すなわち、豊かな宗主国に移住して経済的な富を得ることは、彼らにとって同族内での地位を高めると考えられたのである。

⑨また、「イザット」とは別に、イギリスでの豊かで文化的な生活に対する個人的な憧れも、移住への動機となった。換言すれば、宗主国での豊かで文化的な生活は、彼らが新天地で探し求めた「青い鳥」であった。

⑩「ビラダリー」と呼ばれる共同体内部の相互扶助組織が、渡航費や移住後における当面の生活費などを用意して、彼らの移住を支援した。

⑪彼らは、先ず男性が次々と移住し、現地で生活の基盤（住居や仕事など）が整うと、後から扶養家族を呼び寄せるという連鎖移民（chain-immigrant）の形をとった。したがって、一九六二年七月に有色移民の数を制限する英連邦移民法が実施され、それ以後、東アジアからの成人男子の流入は減少したものの、妻と一六歳以下の子供を呼び寄せることは自由だったので、実質的に移民の流入は減らなかった。同法が実施された後、インド・パキスタン系の婦人や子供の移住は著しく増えた。具体的な数字を挙げると、インド系扶養家族の流入は、一九六二年にはわずか一五六〇人だったが、六七年

には一万五八二〇人に急増した。また、パキスタン系では、この間に五〇〇人から一万七五〇〇人に増えた（佐久間孝正『イギリスの多文化・多民族教育』、富岡次郎・前記書）。

なお、P・スチュワートは、インドやパキスタンなど東アジアからの有色移民の流入を二つの時期に分けて、次のようにとらえている（P・スチュワート『イギリス少数民族史』）。

「インド・パキスタン系移民は、一九六〇年以前とそれ以降の二つの時期に分けられる。一九六〇年以前の移民は、数も少なく、水夫、退役軍人、大学生、大学卒業者、教師、医者、その他の専門職に携わる、英語あるいはイギリスに関する知識を有する人々が主流を占めていた。一九六〇年以後は移住者の数が増え、移民のタイプも変化した。そのほとんどは僻地の出身者で、英語およびイギリスの文化・習慣に不案内な者が多かった。また、比較的貧しく、手に職を持たず、英語も解さない人々がイギリスに密集したことが、後に大問題を引き起こすことになった」

P・スチュアートの指摘は、特に二つの点で注目に値する。すなわち、その一つは、ここで言う後半の時期に大挙して押し寄せたインド・パキスタン系移民が、就職の機会に恵まれている六大都市に集中したこと。もう一つは、彼らが英語やイギリス文化についての知識が乏しかったばかりでなく、かなりの程度まで、彼ら自身の文化や宗教に固執したことである。特に、イスラム教徒（筆者注―パキスタン人）の場合はそうであった。この問題については、後の章で詳しく述べる。

第二章　有色移民の地域的分布

先ず、ラニミード・トラスト編『イギリスの黒人人口』(*Britain's Black Population*, 1980) により有色移民の流入後間もない一九六〇年代中ごろから七〇年代後半にかけての北アイルランドは除いたイギリスにおける有色移民とその二世、三世の地域的分布を検証する。

同書が挙げている表「イギリスにおける新英連邦とパキスタン生まれの人々の予測人口」によれば、有色移民の人口は一九六六年に八八万六〇〇〇人に過ぎなかったが、それ以後年とともに漸増し、一三年後の一九七八年には一九二万人に達し、全人口に対する比率は三・五％となった。

これは、六〇年代半ば以降、保守党右派の政治家イーノック・ポウエルや彼に共鳴する労働者階級に圧力をかけられたイギリス政府が、有色移民の受け入れを制限したにもかかわらず、連鎖移民の形で年々の流入が続いたのと、イギリス生まれの移民二世、三世が着実に増加したからである。このことは、この国における人種摩擦や暴動との関連で有色人口の地域的集中という現実を考えるとき、さらに重要な意味合いを持ってくる。特に、大都市の中心部に住む白人の労働者は、自分の周辺に目にみえる形で急増した有色移民に敵意や不安感を抱いたのである。

そこで、前記書が挙げている表「イギリスの地域別新英連邦生まれの人口」（一九七一年）により、有色移民の地域的集中の実態をみるとしよう。すなわち、人口調査が行われた七一年において、有色人の最も多い地域は、大ロンドン（四七万六〇〇〇人）で、以下、バーミンガム（六万四〇〇〇人）、レスター（二万三〇〇〇人）、ブラッドフォード（二万三〇〇〇人）、ウルバーハンプトン（二万人）と続いている。さらに、同様のことを大ロンドン内の各地区についてみれば、ブレント（三万九〇〇〇人）、ハリンゲイ（三万五〇〇〇人）、ランベス（三万三〇〇〇人）、ワンズワス（二万六〇〇〇人）、ハックニー（二万五〇〇〇人）となっている。

なお、前記書により、イングランドとウェールズにおける有色移民の集中を地図の上で鳥瞰すると、大都市集中の度合いが一目瞭然となる。

この鳥瞰図からも明らかなように、有色移民の大半は、人口密度が高く経済活動が活発な都市部に集中している。具体的には、大ロンドン地区を筆頭に、バーミンガム、ウルバーハンプトン、レスター、ブラッドフォード、ストレットフォード、リーズ、ノッティンガム、コヴェントリーなどの順となっている。

さて、P・J・マジウィックは、自著『一九四五年以降のイギリス』（*BRITAIN SINCE 1945*, 1982）の中で、こうした第二次大戦後における、有色移民人口の推移と集中について、次のように述べてい

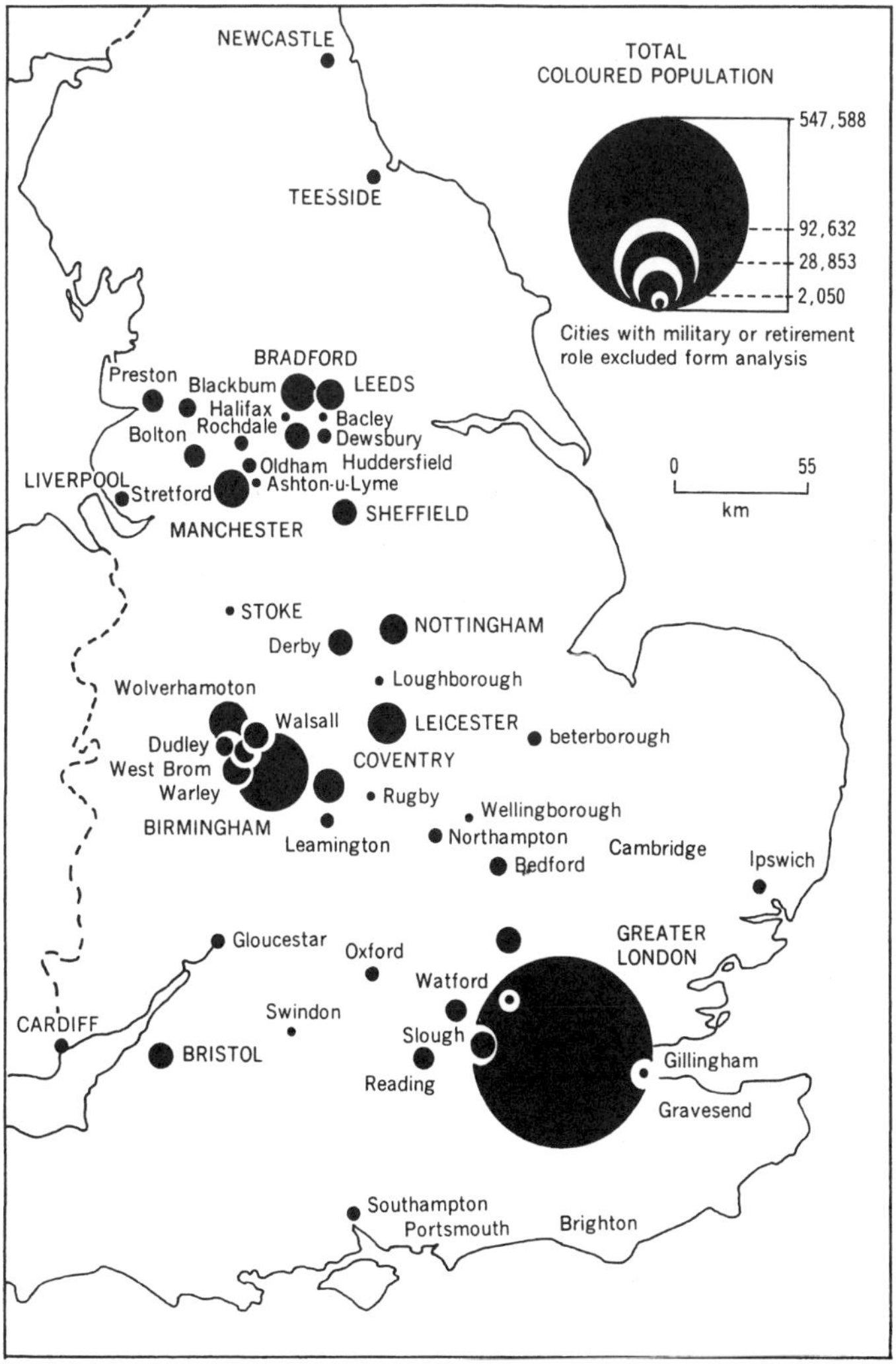

Source : P. N. Jones. The distribution and diffusion of the coloured population in England and Wales 1961-71. Transactions Institute of British Geographers, New Series, Vol. 3, No. 4, 1978.

る。

「有色移民は、第二次大戦後のイギリスに、一体どれくらいいたのだろうか。そして、その数は制限できたのだろうか。イーノック・ポウエルは、政府は最初正確な数字をつかんでいなかったと主張したが、これは当たっていた。そして、一九八五年までに新英連邦出身の有色移民は、三〇〇～四〇〇万人になっているだろうと予測したが、これは前言ほど正確ではなかった。事実、一九八〇年にはおおよそ二〇〇万人に達していたが、その数は二〇〇〇年までに、三三〇〇万人になりそうだと考えられていた（このうち、約半数はイギリス生まれということになるだろうが……）。一九七〇年代までに移民はきっちりと制限され、移住が認められたのは、すでにイギリスに定住している人々の扶養家族に限られていた。この数はかなりのものだったが、有限であった。確かに不法な移民は続いたが、実際のところ、全体的な数は増えなかった。また、有色人の出生率は低下しつつあった。一方、有色移民は、わずかな地域、すなわちロンドンの中心部、ウェスト・ミッドランズ、それにヨークシャーとレスターシャーのいくつかの都市に集中していた。これらの都市のいくつかでは、有色人が人口の五分の一以上を構成していたし、地区によっては、さらに高い比率のところもあった。

サッチャー首相は、一九七八年のテレビ会見で、住民たちは移民によって非常に圧倒されていると語ったとき、こうした少数の地区にはっきりとみられる住民感情を彼女らしい言葉で誇張したのである。ほぼ同じ頃、デイリー・メール紙が『イギリスの赤ん坊の五人に一人は有色人』という見出しの特集記事を掲載したが、それは明らかに間違っていた。実際の数は、一四人に一人だったのである」

この記述で注目すべきことは、サッチャー首相も危惧していたように、有色移民が少数の特定地域に集中したという指摘である。二〇%、またはそれ以上の有色移民を抱えている都市、またはその中の特定区域は、当然のことながら人種間の緊張が高まり、人種摩擦やその結果としての人種暴動に結びつきやすい状態だったからである。実際、ポウエルの反有色移民政策は、右翼団体とそのシンパ、有色移民と仕事の上で競合する労働者、一部の中流階級、さらには大半の政治家によって支持されたのである。

さて、イギリスでは、ジョージ・オーウェルが彼のエッセイ集（*The Collected Essay*, vol. III, 1968）で指摘しているように「イギリス人の昔ながらの外国人嫌いは、中流階級よりも労働者階級のほうが強い」ようだ。以下では、しばらく、R・マイルズとA・フィザックリィが実施した調査に基づき、労働者階級のこうした外国人嫌いの感情を具体的な事例に基づいて検証したい。

先ず、R・マイルズは、自著『イギリスにおける人種差別主義と政治的行動』（*Racism and Political Action in Britain*, 1979）の中で、ウィルズデンにおける調査に基づき労働者の対有色人感情について、次のように述べている。

「われわれが四つの質問―黒人は、地方の困った問題、地域的失業、全国的失業、および地方の住宅問題に対して責めを負うべきですか―について調べたところ、次のことが判明した。すなわち、全回答者の五八%が、黒人は少なくとも、これらの問題の一つの原因となっているか、または、彼ら自身が問題の種だという意見を述べた。言い換えれば、われわれの調査対象の五分の三近くがこれらの質問に答える際に、黒人について何らかの敵意のある考えを持っていることが示された」

すなわち、ウィルズデンにおける調査対象者（労働者階級）の約六〇%が、黒人移住者の存在を問題視していたのである。ちなみに、彼らの居住地区の住宅問題について尋ねられた四〇歳代半ばの熟練労働者は、次のように答えている。

◇「それ（有色移民の流入）は、大いに和らいだとはいえ、依然として重大な問題となっています。白人の数に対して、あまりにも多くの有色人が、逆の比率で住み着いているために、この地域が相応しくない人々で過密になっているというのが私の持論です。私が思うに、誰であれこうした問題を扱う人は、有色人をもう少し他の地区へ移すべきです。例えば、私たちの地区にいるこうした有色人の何千人かを、ハンプステッドのようなエリートの居住地区に移し、彼らエリートに私たちが有色人の間でどうやって暮らさなければならないかを、わかってもらうことだってできるのです。彼らを勝手に連れてきたり、入るがままにしている政治家たちは、実際のところ彼ら有色人と顔を合わせることはありません。つまり、政治家は、私たち労働者のように彼らと顔を合わせることがないわけです。彼らはまた、有色移民と一緒に仕事をする必要もありません」

明らかに、この労働者は、自分の居住地区に有色移民が多すぎることを訴え、そうした状況をもたらした政治家を非難している。階級ごとの住み分けがかなりはっきりしているイギリスでは、実際、上層中流や上流階級の人々は、労働者とは違って、日々の生活の中で有色移民と一緒に暮らす必要はないのである。したがって、彼らは、労働者たちの不満が理解できないのだろう。

次に挙げる労働組合の役員は、逆に自分のほうが居住地区から出て行った理由を、以下のように説明している。

◇「私は、この居住区が数年のうちに有色人のスラム街になるだろうと考えています。私のような人間は、決してこの地区には引っ越してこないでしょう。そんなわけで、私は今住んでいるところに移ったのです。四年ほど前に、私はハローに引っ越したのですが、そのころ、ウガンダ系アジア人がそこに移り始め、地区内の店を二、三軒買いました。私はそれが出て行く潮時だと考え、その町を出ました。でも、今住んでいるところは物価が高くて、生活が大変なんです。正直なところ、多額の借金で首が回らない状態ですが、この辺りには有色人がまったくいません。もっとも、ユダヤ人は大勢いるんですがね」

以上、有色人が多く住み着いている都市の居住区における白人労働者の反応を検証した。言ってみれば、有色移民は、白人労働者にとって雇用や住宅などの面で自分たちの生活を脅かす悶着の種であり、「招かれざるよそ者」だったのである。これに加えて、肌の色や外見・風俗・習慣などの違いからくる違和感・嫌悪感も、白人労働者の不満の原因だったと考えられる。

さて、このような状況を背景として、イギリスでは一九六〇年代初め頃から、特に労働者階級が、政府や産業界による有色移民の受け入れに対して拒否反応を示すようになった。

マイルズは、こうした状況を裏付けるいくつかの証拠を挙げている。

「第一に、一九六〇年代の初めに、ロンドン、ミッドランド諸州、ヨークシャーなどで、労働者階級が反移民協会の結成や、それに続く活動に関与したという証拠がある。第二に、保守党候補による人種差別キャンペーンの結果、一九六四年の総選挙において労働党指名の外務大臣パトリック・ゴードン・ウォーカー氏が、スメズウィックで敗北を喫したという証拠がある。第三に、一九六八年に、イーノック・ポウエルが移民の抑制と強制送還を支持する重要な演説を行った直後に、この政治家に対する労働者の支持が増加したという証拠がある。そして、第四に、一九七〇年代の初めと中ごろに、労働者階級が右翼団体のナショナル・フロントを選挙で支持したという証拠がある」

こうして、労働者階級は、有色移民のイギリス国内への移住に反対する意思を表明したのだが、一方、白人の流入に対しては、ほとんど問題視しなかった。このことについてマイルズは、続けてこう述べている。

「このような証拠の重要性は、その移民反対運動が移民そのものに対してではなく、肌の色が黒や茶褐色の人々が住んでいるカリブ諸島やインド亜大陸からの移民に対してであったという事実から生まれる。すなわち、同じ時期に、エール共和国、カナダ、オーストラリア、ジンバブエ（筆者注―当時のローデシア）、および南アフリカからの白人移民を抑制しようとする運動は、ほとんどないか、まったくないかの状態であった」

ここでマイルズは、二つの重要な点を指摘している。すなわち、イギリスの労働者は、カリブ諸島やインド亜大陸からの移住者を肌の色によって差別したこと、そして有色移民はイギリスの労働者によって労働市場における競争相手とみなされたが、白人の移民はそうではなかったことの二つである。こうした有色移民に反対する労働者階級の政治活動は、それ以後、保守党ばかりでなく、労働党の政府にも影響を及ぼすことになった。これは六〇年代以降、有色移民に対して歴代政府が取ってきた抑制政策をみれば、歴然たる事実と言わなければならない。

さて、本論に戻って、T・モドゥードらの研究書『イギリスにおける少数民族』(*ETHNIC MINORITIES IN BRITAIN*, 1997) により、近年（一九九〇年代）における有色移民とその二世、三世の地域的分布について明らかにしたい。

先ず、移民の実数についてみると、白系イギリス人―四万四〇〇〇人、カリブ系黒人―五〇万人、アフリカ系黒人―二一万二〇〇〇人、その他の黒人―一七万八〇〇〇人、インド人―八四万人、パキスタン人一四七万七〇〇〇人、バングラデシュ人一一六万三〇〇〇人、中国人一一五万七〇〇〇人、その他のアジア人一一九万八〇〇〇人、その他のグループ一二九万人となっている。

一九九一年のセンサスに基づくこのデータによると、元植民地からの有色移民は、インド人が八四万人で最も多く、以下順次、カリブ系黒人五〇万人、パキスタン人四七万七〇〇〇人などとなっている。なお、この時点で、白人に対する有色移民の比率は、五・五％に達していた。

また、同年における有色移民の地域的分布を、それぞれのグループごとでみると、人口に対する有色移民の比率は、人口が過密で経済活動が活発なイングランドが最も高く六・二％、これとは逆に、スコットランドが最も低く一・三％となっている。

次に、同年における、有色移民の地域的分布の比率をより小さな地区に細分してみると、当然のことながら、企業が集中し、就職の機会が多いイングランドの東南部、西ミッドランド、および北西部で高いことがわかる。これを％で示すと、イングランドの東南部には、有色移民の五六・二％が、西ミッドランドには一四・一％が、また北西部には八・一％が集中していることになる。逆に、ウェールズは一・四％、スコットランドは二・一％と低くなっている。

次に、さらに小さな行政地区ごとにみると、有色移民の人口比率が三〇％以上にも達する地区は、ブレントを筆頭に、ニューアム、タワー・ハムレッツ、ハックニーなどの六地区、また二〇〜二九％の地区は、ハリンゲイを筆頭に、レスター、スラウ、ハロウ、ウォルサム・フォレストなどの一二地区あることがわかる。

先にも触れたように、有色移民の人口比は北アイルランドを除いたイギリス全体では五・五％であるが、彼ら有色移民は歴史的・経済的な理由から一部の地区、特に産業や経済活動が活発で就職の機会が多い都市部に集中していることがわかる。例えば、カリブ系黒人の移民街ブリックストンは、一時期、有色移民の比率が六、七割にも達した南ロンドンのランベス行政区にあるが、現在は、かつての白人が戻ってきたため、この比率はかなり下がっている。ここでは、右翼グループとそのシンパ、有色移民に仕事を奪われるのではないかと恐れた白人労働者による人種的暴力と嫌がらせ、さらにその結果としての人種暴動がしばしば発生している。一方、これは例外的なケースだが、インド人移民の街レスターは、有色移民の人口比が一九九〇年代すでに二八・五％（筆者注―現在は、三五％を越えている）と高く、恒常的に人種的嫌がらせがあったにもかかわらず、これまで大規模な人種暴動を経験していない。

第三章　有色移民が従事した産業

第二次大戦後、「青い鳥」を求めて、元植民地からイギリスにやってきた有色移民は、どのような産業に従事したのだろうか。ラニミード・トラストが公刊した『イギリスの黒人人口』(*Britain's Black Population*, 1980) により、当時の全体像をみるとしよう。

同トラストが、一九七一年の「センサス」により作成したデータで、有色移民の産業別労働人口に対する比率をみると、以下のとおりである。

先ず、有色移民の比率が高かった産業を順番に挙げると、衣類・履物(五・五%)、レンガ・ガラス・陶器・セメント(五・五%)、繊維(五・二%)、その他の製造業(五%)、金属製品(四・二%)、皮革・皮革製品・毛皮(四%)、食品・飲料・タバコ(三・一%)、電気工学(三・一%)、輸送・通信(三・一%)、車両(三%)、機械工学(二・九%)、技術・専門職(二・九%)であった。

逆に、有色移民の比率が低かった産業を順番に挙げると、農業・林業・漁業(〇・二%)、鉱山・採石(〇・三%)、造船・海洋工学(〇・五%)、ガス・電気・水道(〇・八%)、石炭・石油製品(〇・九

%）、建設（〇・九％）、製紙・印刷・出版（一％）、一般行政官・防衛（一％）、保険業・銀行業・財政官（一・一％）であった。

次に、A・フィザックリーとR・マイルズの共著『労働と人種差別主義』(*Labour and Racism*, 1980)により、西インド諸島人の男性五七人について、移住する以前に母国で従事していた仕事の実数と比率をみると、熟練労働者二〇人（三五％）、農業九人（一六％）、母国の学校から直接やってきた者、またはイギリスで中等教育を修了した者八人（一四％）、非熟練労働、または半熟練労働従事者、製造業と日常の専門的事務職従事者で、それぞれ一人（二％）となっている。

すなわち、熟練・半熟練の労働者と農業従事者が多く、ホワイトカラーや製造業の従事者が少ないことになる。サンプルが五七と少なく不十分な数ではあるが、この調査から、西インド諸島人（男性）が移住する前に従事していた仕事の概略がわかる。

また、前記書により、ロンドンにおける西インド諸島人（女性）の職種についてみると、調査対象となった二〇人の半数が工場労働者となっている。さらに、掃除婦と洗濯場従業員三人、売店の店員、料理人、および病棟の用務員三人を加えれば、実に一六人が非熟練労働に従事していたことになる。この調査から、労働市場における初代黒人移住者（女性）の仕事のレベルが読み取れる。

次に、A・ピルキントン著『イギリスにおける人種関係』(*Race Relations in Britain*, 1984)により、白人と有色移民（男性）との職種を比べてみよう。同書が援用しているスミスの調査（一九七七年）

は、アジア人、黒人などの有色移民と白人がそれぞれどのレベルの仕事（管理職および専門職、ホワイト・カラー、熟練肉体労働、半熟練肉体労働、非熟練肉体労働、分類不能）に就いているかを百分比で表したものである。

それによれば、全体的に有色移民の仕事は、白人男性に比べてより程度の低い職種への偏りを示している。すなわち、有色移民は、相対的に専門職や管理職の分野に就く者の比率が低く、肉体労働や非専門職の分野に就く者の比率が高くなっている。これはピルキントンの指摘を待つまでもなく、アジア人や西インド諸島人がこの国に移住してからまだ年月が経っていなかったこと、彼らの持っている種々の資格が相対的に低かったこと、特にパキスタン人、バングラデシュ人、インド人などのアジア人の中には、英語が十分に理解できない者が多かったこと、さらには肌の色による差別など、さまざまな社会的、文化的要因が相互に絡み合っているものと考えられる。

なお、この調査では、より低い水準の仕事（熟練肉体労働、半熟練肉体労働、および非熟練肉体労働）についてのそれぞれの比率は、西インド諸島人―九一％、パキスタン人およびバングラデシュ人―九一％、インド人―八〇％、アフリカ系アジア人―七〇％、白人―六〇％となっている。このうち、パキスタン人とバングラデシュ人については、西インド諸島人よりも、半熟練肉体労働および非熟練肉体労働の比率が圧倒的に高い。

一方、ウガンダやナイジェリアなどから政治難民としてイギリスにやってきたアジア系アフリカ人

（インド人）は、相対的に高い水準の仕事に就いている。彼らは、アフリカで商人として富を蓄えたり、エンジニアとして技術を身につけた人々だったので、おおむね高いレベルの仕事に対して豊かな知識、経験、および技能を持っていたのである。

さて、実際にこの調査を行ったスミスは、仕事のレベルと人種差別の関連について、こう分析している。

「有色移民は、白人に比べて資格に伴う恩恵が少ない。すなわち、大卒レベルの資格を持つ白人の七九％が高い水準の知的な仕事に就いているのに対し、それに相当する資格を持つ有色移民はその三一％しかこのような仕事に就いていない。だが、より低い水準の仕事について言えば、有色移民が、すべて同じ立場にいるわけではない。すなわち、パキスタン人と白人との差が最も大きく、次いで、西インド諸島人、インド人の順になっている。そして、アジア系アフリカ人と白人との差はいちばん少なくなっている」

次に、同じくスミスが行った調査（一九七六年）により、有色移民の女性についてみると、彼女たちも白人女性に比べて、より低い水準の職種に就いていたことがわかる。具体的に言えば、有色移民の女性が管理職や専門職に就く比率は白人女性に比べて低く、逆に、掃除婦や雑役婦のような非熟練労働に従事する比率が高かったことになる。これには、有色移民男性の場合と同じ要因が関わっているが、人種差別が重要な要因となっている。ちなみに、A・ピルキントンは、スミスの見解「黒人の女子生徒は、白人の女子生徒と同じような資格を取って学校を卒業しても、結果的に、白人よりも程度の低い仕事にしか就くことができない」を支持している。

さて、以上の調査で、有色移民の仕事の水準が男女とも白人よりも低いことがわかったが、ここではさらに、フィールドらの調査によりこうした傾向を再確認したい。フィールドらは、一九六六年、七一年、七七年の三年間にわたり、スミスと同様の調査を行っている。

これらの調査によれば、有色移民の仕事の水準は、いずれの年においても白人よりも低い水準であった。それぞれのグループについてみれば、パキスタンとバングラデシュからの移民が最も低い水準の仕事に就いており、次に低かったのが西インド諸島からの移民、最も高いレベルの仕事に就いていたのはインドからの移民であった。なお、フィールドの調査には、アフリカのウガンダやケニアから政治難民として移住してきたインド人は含まれていなかった。実際のところ、インド生まれの移民の状況は、白人のそれと目立った違いはない。一九六六年の調査では、白人よりも高いレベルの仕事に就いているインド生まれの移民が多かったが、これはピルキントンによれば、このカテゴリーの中により高い水準の仕事に就いている白人が多く含まれていたからである。しかし、六六年の調査におけるインド生まれの移民を別にすれば、有色移民の仕事の水準は、それぞれすべての調査年で白人よりも低いものとなっている。

以上が、六〇年代半ばから七〇年代半ばの段階で、有色移民が従事していた仕事のレベルである。

第四章　有色移民労働者に対する白人経営者の評価

有色移民がイギリスにやってきてまだ間もない六〇年代中頃まで、イギリス人は、職場での有色移民労働者をどのように評価していたのだろうか。P・フットの『イギリスの政治における移民と人種』(*IMMIGRATION AND RACE IN BRITISH POLITICS*, 1965)、S・パタソンの『産業における移民』(*Immigrants in Industry*, 1968)、さらに、W・W・ダニエルの『イングランドにおける人種差別』(*Racial Discrimination in England*, 1968)により、その一端をみるとしよう。

以下に、初めて有色移民と直接職場で接した白系イギリス人(筆者注—雇用者または上司)の率直な感想としてたいへん興味深い証言を紹介する。

ここで挙げるイギリス人の有色移民労働者についてのコメントを、その内容に従って大別すれば、⑴仕事および学習の緩慢さ、⑵怠惰な仕事ぶり、⑶浮動性、⑷無責任、⑸肌の色に対する被害妄想、となる。

(1) 仕事および学習の緩慢さ

◇「私どもは、西インド諸島人を三人採用しました。その中の一人はとてもよかったのですが、他の二人は仕事が遅くて使い物になりませんでした。そこで、彼らをいろいろな職種につけてみましたが、やはりノルマをこなすことはできませんでした。ですから、有色人の労働者については、すでによい実績を挙げている者についてては採用しますが、これまでの経験から言って、彼らの能力には疑問を持っています」

◇「彼らに仕事を覚えさせるには、とても時間がかかるんですよ。彼らは、仕事を聞き覚えるのがあまり得意ではないんです。ですから、すべてのことを四回も五回も説明しなければなりません。中には、根っからのうすのろもいます」

◇「雇用者の中には、有色人労働者は仕事を覚えるのが遅いと言って、雇わない人もいます」

◇「彼らは、生まれながらのうすのろです。彼らの半数はここへ来る前にどこで働いていたのか、またなぜ辞めたのかさえわからないほどです。特に、女性は、仕事が遅くてどうにもなりませんでした。ですから、今残っているのは男性だけです」

(2) 怠惰

◇「彼らは生まれながらの怠け者です。いつも後を追い回して、仕事をやらせなければなりません。彼らはまた横柄でもあります」

◇「彼らは怠け者です。それも根っからの怠け者です。昨日は、ジャマイカ人が『たるを動かすと、腕時計が振動して壊れしまうので、そんなことをするのはいやだ』と言ったのです。彼らは、そんなふうにいつも言い訳をするんです」

◇「彼らは、労働者の中でも、いちばん低い階級に属しています。彼らには、まじめに働く意志など毛頭ありません。彼らは、失業手当をせしめるために職安に押しかけ、イギリス人に養ってもらいたいと思っているんです」

◇「彼らは怠け者で、傲慢で、狡猾で、気難しく、また不潔でもあります。付きっ切りで監督しなければ、仕事をやってくれません」

◇「彼らは怠け者です。それは熱帯の太陽のようなものです。だから彼らは、あのようにのんびりと振舞うのです」

◇「私は、ジャマイカ人を一度に八人とか一〇人とか採用することは絶対にありません。というのは、彼らがみんな怠け者だからです」

(3) 浮動性

◇「彼らは、決して物事に腰をすえて取り組もうとはしません。彼らは、常にあちらこちらと動き回ります。言ってみれば、浮遊人口のようなものです。彼らは、永続的なものにはあまり興味がないようです。私が思うに、多くの問題はここから生まれるのです。ですから、私たち雇用者は、彼らを信用しないようになってしまったのです」

◇「彼らが、腰をすえて仕事に取り掛かることは、めったにないということはよく知られています。彼らは、そういうふうには作られていないのです」

◇「彼らが、物事に腰をすえて取り掛かることは、決してありません。彼らは常に移動しています」

(4) 無責任

◇「この会社では、有色人の女の子が、補助作業員として採用されたばかりです。これは職工長のために物を取ってきたり持っていったりというような、単純な仕事をやる係です。この仕事には多少の教育と判断力が必要なのですが、どうもこの女の子の場合はうまくいっていません。彼女は隅っこのほうで居眠りをしたりして、責任感というものがまったくありません」

◇「彼らは、とても気まぐれで、場当たりの仕事をします。彼らには、人生の大事なことがわかっていないようです」

(5) 肌の色に関する被害妄想

◇「私たちは、彼らの多くがとても喧嘩っ早いので、苦労しています。彼らが叱られるのは、自分が有色人だからだと思い込んでいるのです。彼らの頭には、白人の連中だって叱られるという考えはまったくないようです」

◇「彼は、そのことについてあまり話しませんが、とても気に病んでいたようです。彼は見たところ、ほんの少し日焼けした程度の黒さですが、事件のことはそのせいだと思い込んでいます」

◇「彼らは、肌の色を気にし、態度がぶっきらぼうになる傾向があります。ですから白人の社員の中には、彼らに対して反感を持つ者も出てきます」

◇「彼らは、理由もないのに、つまり白人の社員と同じ扱いを受けているのに、怒りっぽくなる傾向があります。私は普段から『おはよう』と挨拶をしたり、一人ひとりを名前で呼ぶようにしています。でも、彼らは肌の色を意識していますので、人々（筆者注—白人社員）が心を開いて彼らを受け入れることは難しいのです。工場では、絶えずお互いに冗談を言い合いますが、彼らについては、言葉を選ばなければなりません。ですから、冗談が言えないのです。一つ、例を挙げましょう。先日、私がある有色人の男性の前を通り過ぎたとき、彼ははしごの下に立って、壁に白いペンキを塗っている塗装工の手助けをしていました。そこで私は、『おはよう、ヘンリー。あいつが上でペンキをひっくり返せば、きみは真っ白になってしまうね』と話しかけました。私は、彼を傷つけるつもりなどまったくなかったのです。そのつもりなら、そんなことは言わなかった筈です。でも、彼は、さっと顔色を変えて、『俺は黒くても、平ちゃらなんだよ』と言いました。黒人の中には、一人二人煽動家タイプとでも言いましょうか、とても切れやすい男がいるんです」

以上が、白人の雇用者の、職場での黒人労働者に対するコメントである。利潤の追求を最優先する現代資本主義社会にあっては、仕事のスピード、効率、勤勉、忍耐、持続力、責任感などが、労働者に求められるだろう。したがって、もし彼らがその期待に応えられなければ、彼らに対する白人のこうした批判は、当然のことだと考えられる。しかし、農業や小規模の漁業といった一次産業に従事し、相対的に時間に拘束されることの少ない生活を送ってきた西インド諸島人が、移住早々、イギリスの工場労働者と同じ基準や価値観に切り替えることは至難の業だと考えられる。

第五章　有色移民労働者の高い失業率と雇用の際の差別

この章では、先ず、有色移民の失業問題について、その実態・特徴および原因を、R・ジェンキンズおよびJ・ソロモスの研究報告『一九八〇年代における人種差別主義と雇用均等政策』(*Racism and Equal Opportunity Policy in the 1980s*) により、明らかにしたい。

この報告書は、一九六一年から一九八〇年にわたる有色移民の失業問題を分析しているが、この期間全般を通して有色人労働者の失業率が高かったこと、およびそれが経済状況の変化に対応して、失業の全体的な水準よりもかなり敏感な負の反応を示したことを指摘している。一つの具体例で示せば、一九七九年八月から八〇年八月にかけて、失業者全体の失業率は三八％しか増えなかったが、有色人労働者の失業率は四八％も増えたのである。

この報告書は、有色人労働者の高い失業率と、それが経済状況の変化に対応して敏感に反応するメカニズムを、次のように分析している。

「第一の要因は、有色移民が白人を含めた全体の平均年齢よりも若いということ、若い人々は、企業からの求人がほとんどないときには就職が特に難しいということである。第二の要因は、有色人労働者は、移住してから年数が経っていないため、ある種の技術と資格が足りないということ、さらにアジア系の場合は、言葉の困難があるということである。第三の要因は、有色人労働者は、労働の供給量が多いときには差別される機会が増えるということである。第四の要因は、有色人労働者は、特定の職種、工業部門、およびある種の仕事に集中しており、特に、規模が縮小し不安定で社会的評価の低い製造業部門に、多く見受けられるということである」

若年層の高い失業率については、メイカムの調査（一九八〇年）や雇用局の調査（一九八三年）からも明らかである。すなわち、メイカムは、「全体の失業率が一％上昇するごとに、若年層の失業率は一・七％上昇する」と言っているし、また雇用局の調査でも「一九八一年から一九八三年一月を例にとれば、雇用局に登録されたすべての年齢の失業者で、一年以上仕事のなかった者は一二一％増加したが、二五歳以下の若年層の割合は二二四％も増えた」と指摘している。このようにイギリスでは、一般に中高年に比べて若年層の失業率が高いのだが、その理由の一つは、イギリスの企業が求職者の職業経験を重視する傾向が強いからだと言われている。

そして、有色移民の若者については、これに加えて肌の色による差別の問題がある。例えば、リュイシャムが行った調査は、中等学校を卒業した黒人の失業率が白人に比べて三倍も高いこと、さらに運良く就職先が決まった場合でも、彼らは白人の卒業生に比べて出願回数が多く、そのため就職するまでに相対的に多くの日数がかかっていることを明らかにしている。

また、ラニミード・トラストの調査（一九八〇年）により、黒人の失業率についてみると、彼らの失業率は、白人を含めた全体の失業率よりも高い比率で増加したことがわかる。すなわち、「イギリスで生まれた黒人失業者の数は一九七三年から八一年にかけて増加したが、この間に黒人全体の失業者の比率は三・六％から一三・六％に、また失業者全体の比率は〇・一％から〇・五％に増えた」と指摘している。この調査から、不況時だった調査期間には黒人の失業者が急増していたことがわかる。

最後に、もう一つのデータ（Runnymede Trust, *The Britain's Black Population*, 1980）から少数民族（筆者注―主に有色移民とその二世）の高い失業率を確認するとしよう。同書は一九七四年を起点として、八〇年までの六年間にわたる全勤労者と有色移民およびその二世の失業率の推移を線グラフで示しているが、少数民族の失業率は全調査期間にわたって勤労者全体のそれを上回っている。しかも、その差は一九七六年あたりから倍以上に広がり、七九年の初頭をのぞけばほぼこの傾向が続いている。

また、一九七四年を基準とした場合、八〇年は全勤労者の失業率がその一・三倍だったのに対し、少数民族のそれは二・八倍となっている。このことからも、少数民族は、雇用に関して不利な状況に置かれていることがわかる。一九八〇年代のイギリスは失業の時代と呼ばれ特に若者の失業率が高かったのだが、そうした状況の中で有色移民の若者たちはなおいっそう苦しい局面に立たされていたことになる。

以上、いくつかの調査により、一九六〇年代から八〇年代初頭にいたる期間、有色人とその若者が相対的に高い失業率にさらされている実態をみてきた。では、雇用者は、有色人の採用をどのように考えていたのだろうか。これについて、富岡は人種平等委員会（ＣＲＥ）が一九八二年に行った若者の就職予想についての調査を分析した結果、次のことを明らかにしている（富岡、前記書）。

①　雇用者は、有色人を「部外者（よそ者）」とみなし、雇用に際し白人を優先するのは当然だと考えていた。彼らには、新連邦諸国からの有色移民がイギリス臣民であるという認識はなかった。

②　雇用者は、ひとたび有色人を採用すると、後から大勢が押しかけてきて収拾がつかなくなることを恐れていた。

③　雇用者は、有色人の従業員が増えると、「カラード会社」というレッテルを貼られて会社の格が落ちるのを嫌っていた。

④　雇用者は、有色人の労働者がしばしば転職するので、無責任で信用できないと考えていた。

⑤　雇用者は、有色移民が持っている資格と技術水準の低さに不満を抱いていた。

⑥　雇用者は、有色人を雇わない表向きの理由として、彼らの英語力が不十分であることを挙げた（筆者注―これはアジア系移民には言えても、西インド系移民には通用しない）。

⑦　雇用者は、白人の従業員と顧客が有色人を好まないという理由を挙げて、彼らに対する自分の偏見をカモフラージュした。

有色人に対する雇用者のこうした考え方は、結果的に彼らを失業と貧困、さらには犯罪へと追いやることになる。これは多民族・多文化主義を標榜するイギリス政府にとって、深刻な社会問題だと言わなければならない。ちなみに、一九五八年以来今日まで、ロンドンやブラッドフォードなどの大都市で発生した大規模な人種暴動には、白人社会から疎外され、失業と貧困に苦しむ肌の黒い若者（筆者注―インド人とパキスタン人を含む）が深く関わっていたと報告されている。

さて、有色移民と白系イギリス人との人種関係を改善するために、最初の人種関係法が成立したのは一九六五年だったが、それまでの期間、有色移民とその二世は、職探しの過程で具体的にどのような差別に出会ってきたのだろうか。以下に挙げる証言は、多くの露骨な差別があったことを示している (Daniel, W. W., *Racial Discrimination in England*, 1968)。

◇「どんな仕事でもいいからと、タイヤの製造会社に応募した西インド諸島人（情報提供者）は、『黒んぼなんて、要らないよ』とむげもなく断られた」

◇「欠員のある鋳物工場に工員として応募した人は、『うちの会社には、空きなんてないのさ。さっさと、自分の国へ帰ったらどうなんだい』と言って、断られた」

◇「僕は、はんだ工の仕事に就くために、職安の紹介で出かけました。会社の人は、僕がジャマイカ人だとわかると『気の毒だけど、欠員はないんです』と言いました。でも、職安の係の人は、僕に『まだ、欠員があるのは確かです』と言ったのです」

◇「（西インド諸島人・三四歳。一九五六年入国。ポリテクニックの夜間コースで建設業の資格を取る。飾りだんす職人の仕事に就くために、組合からの紹介を受ける）私が工場長に会うと、彼はこう言いました。『この作業所の従業員たちは、有色人とは働きません』。そして私は、出口に案内されたのです」

◇（西インド諸島人・二九歳。一九六一年入国。市と同業組合のエレクトロニクス修了証書取得・無線技師学会会員。全国規模のラジオとテレビのメーカーに応募し、支店長の面接を受ける）

「彼は非常にはっきりと、『有色人を雇うのは、この会社の方針にそぐわない』と言いました。仕方なく、私は別の会社に応募しました。すると、そこの受付嬢が言うには、仕事はすべて分類されていて、それはイギリス人用のものだとのことでした。それで『私は英国人（British）です』と言うと、彼女は即座に『イングランド人（白人）でなければだめです』と言ったのです」

第六章　有色移民労働者に対する職場内での差別

この章では、有色人労働者に対する職場内でのさまざまな差別についてみるとしよう。このような差別が彼らのやる気をそぎ、その結果として彼らを転職、失業、さらには無頼生活へと追いやる要因となっていることは否定できない。

先ず、主として最初の移民法が成立した一九六五年以前の状況についてみると、差別される側に立たされている有色移民労働者は、その不満を次のように吐露している（Daniel, W. W, *Racial Discrimination in England*, 1968）。

◇「事務の仕事は、ぼくたちには決して与えられません。ぼくはこの国で教育を受け、中等教育修了証書の普通レベルに合格しましたが、事務の仕事に応募するたびに断られています。学校で知り合った白人の友達はみんな事務の仕事に就いていますが、ぼくには肉体労働の仕事しか与えられません」

◇「有色人労働者は、よい仕事、つまり自分がやる能力があるような仕事に就くことはできません。

有色人は、自分の手に入るような仕事、つまり他の人々がやりたがらないような仕事をやらなければなりません。有色人の場合は、社長がその仕事をやる白人がみつからないと考えない限り、それを手に入れることはできないのです」

◇「私は毎日、肌の色による障害に直面しています。もちろん仕事によっては、有色人に与えられるものもありますが、昇進の道はありません。ロンドンの街を見回しても、教育を受けた有色人の男性が銀行で働いたり、車両の検査官や警官になっているのをみかけません。フランスでは、黒人が、税関の役人や警官などのような権威のある地位に就いているのをみかけました」

◇「私はかつて、英国空軍に勤務しましたが、それが市民生活には何の役にも立たないことがわかって、とてもがっかりしています。就職することも、貸家を見つけることもできませんでした。私は正式な資格を持っていますが、いちばん下等な仕事をやることしか期待されていません」

これらを要約すれば、有色人労働者は、たとえ教育を受けて正規の資格があっても、知的で責任のある仕事は与えられず、白人が嫌がる仕事しか与えられないということになる。

さて、このような職場での人種差別は、一九六五年以降どうなっているのだろうか。一九七六年に『移民』(*Immigrants*) を公刊したP・スチュアートは、以前よりも状況が改善されたという側面をとらえて、次のように述べている。

「(有色) 移民は、非熟練労働者の場合が多いので、工場労働者、ポーター、道路清掃人、ごみ収集人など、最近、白系イギリス人が忌避する傾向の強い仕事に携わっている。ひところは、皮膚の色による人種差別をして、有色人の採用を拒否する工場もあったが、こうした差別は現在、法律で禁止されている。有色移民を喜んで採用する職場が増えていることも事実である」

スチュアートが指摘するように、移民法が施行されてからは、一般に状況が改善されたと言われている。しかし、職場での人種差別の大半が姿を消してしまったとみるのは、早計であろう。むしろ、それは依然として、水面下で法律の網を潜り抜ける形で存続しているとみたほうが現実に近いだろう。例えば、一九七一年から五年間にわたるデックスの研究調査によれば、ロンドンとバーミンガムにおける黒人と白人の卒業生の間には、職場での人種差別が歴然としていた。すなわち、西インド諸島人の卒業生のほうが、同じ教育程度の白人の卒業生よりも一時帰休や解雇の憂き目に遭う機会が多かったのである。言ってみれば、黒人の若者たちは、白人にとっての産業予備軍、景気変動の際の緩衝剤として機能していたことになる。

このことについて、R・ジェンキンズらは、『一九八〇年代における人種差別主義と雇用均等政策』(*Racism and Equal Opportunity Policies in the 1980*, 1994) の中で、次のように述べている。

「ロンドンとバーミンガムにおける、西インド諸島人と白系イギリス人の卒業生に関するデックスの研究は、五年間にわたる彼ら一人ひとりの職歴の事例を検証したが、それは一九七一年に始まり、不況の中で終わった経済変動の期間であった。

デックスは、西インド諸島人のほうが一時帰休や解雇の憂き目に遭うことが多く、同じ教育程度の白人よりも頻繁に失業を経験している事実を見出した。彼女はこのことによって、西インド諸島人の若者が不当な比率で、労働力の予備軍を構成していることを突き止めたのである。この発見は、一般に仕事の口が減っているときには、卒業生が技術や経験、さらに、たとえそれらがあるにしても、当面の仕事には関係のないような資格でも持っていなければ、特に不利な立場に立たされやすいという見解と一致している」

さらに、職場での人種差別は、一時帰休や解雇という深刻な問題の他に、掃除夫や給仕など単純労働への配置換え、お茶くみなどの雑役の強要、嫌悪または不信に基づく差別待遇、極端な低賃金などといったさまざまな局面に及んでいる。次に挙げる黒人の若者の証言は、この間の事情を如実に伝えている（Williams, L. O., *Partial Surrender*, 1988）。

◇「保守管理課には大体、七人くらいいましたが、ここの主任ときたらいつだって僕の仲間を通して仕事を言いつけるので、その仕事をやらなければならない理由もわからないし、なぜ僕のところへ来て、直接言ってくれないのかもわからないのです。それに、給料日になると、彼はまた別の仲間を通して僕に給料を渡すのです。同僚の中には、僕が入ることのできない部屋の鍵を預かっている者もいたんですよ。僕は一、二回、主任に頼んでみたんですが、いつだって答えは返ってきませんでした。そこで、彼が鍵を渡したくないのなら、これ以上は頼まないと言ってやりました。なぜって、僕には彼の意図がわかっているからです。保守管理課の人（白人）は、僕にあれこれと指図するときには、（彼らは）僕の上に立っている、つまり階級がひとつ上だと考えているのです。そこでは、他にも黒人の男たちが働いていますが、彼らは掃除人とか給仕でしかありません。ですから僕は実際、ホテルで働く黒人としては、最高の仕事に就いていると思っています。それは大きいホテルで、黒人は何人かいるんですが、僕はいちばんいい仕事に就いているのです。僕以外の黒人たちは、ボーイや皿洗いをやったりしているに過ぎません」

◇「そうですね、本当のことを言えば、僕は自動車修理工になりたかったんです。僕は、その仕事をやり始めたんですが、当時、僕が働いていた会社の経営者は、僕が出社すると毎日、ただ掃除をやれと言うだけで、これが約二週間続きました。しかも、僕は修理工ということになっていたのです。そこで、僕は決心しました。そう、そんな仕事はもうやらないぞってね。とにかく、僕はそこを辞めて、リバプール通りの店に店員として勤めました。その店は白人が経営していましたが、僕の扱いは以前の職場と同じでした。僕は毎朝、店に着くたびに、彼らにお茶を注がなければなりませんでした。僕が店で客の応対をしているようなときでも、お構いなしです。彼らの一人が僕のところへやってきて、こう言ったんです。『おい、デル君、彼がお茶を飲みたいってさ』。それで、僕は自分にこう言い聞かせました。『こんな仕事は、辞めにしなくてはってね』。それからというもの、僕はよく、『自分の音楽を演奏しているときのほうが、ちょっとばかり幸せだ』と思うようになったんです」

◇「今は仕事が山ほどありますが、問題は賃金が安すぎるということです。僕は現在、アパートに入っていますが、この賃金では家賃が高くてやっていけません。だから失業保険で生活したほうがいいんです。そうすれば、家賃も食費も払えます。週給六〇ポンドでは、働く価値がありません。なぜかというと、それでは家賃しか払えないからです」

第七章　人種関係法と移民法の改定

政府は有色移民に対する差別を改善するため、一九六五年に最初の人種関係法を制定したのだが、現実にはそれ以後も、さまざまな形の人種差別とそれに伴う軋轢が絶えなかった。したがって、歴代政府は、人種関係法、および移民法に数々の改定を加えざるを得なかった。これらの度重なる改定によって、少なくとも表面上は、人種差別に対する禁止事項がより具体的かつ包括的に規定されることとなった一方、有色移民の流入は段階的に制限されることとなった。ただし、ヨーロッパ、アフリカ、インド亜大陸、カナダなどからの白人の流入については、規制がされなかった。ここに、有色移民は、肌の色によって差別されたという指摘の根拠がある。

さて、人種関係法と移民法が制定または改定された流れをみると、

一九六五年：人種関係法制定、一九六六年：地方自治体条例制定、一九六八年：英連邦移民法制定、一九六八年：人種関係法改定、一九六九年：移民嘆願法制定、一九七一年：移民法改定、一九七六年：人種関係法改定、一九八一年：英国国籍法制定となっているが、以下では、ラニミード・トラ

スト編『イギリスの黒人人口』(*Britain's Black Population*, 1980）により、三つの人種関係法についてその主旨と制定、および改定の経緯を検証する。

㈠　一九六五年の人種関係法

Ｒ・ソーランサン労働党議員（筆者注―一九五一年、議会に法案提出）やブロックウェイ卿（筆者注―一九五二年から五四年にかけて、一〇回にわたり議会に法案の作成を働きかける）の尽力により、一九六〇年以降、労働党と保守党議員の間に立法の機運が高まっていた。一九五八年にロンドンとノッティンガムで黒人に対する暴力行為が発生した後、労働党の積極的な努力が実を結び、一九六五年に反人種差別法の成立をみるにいたった。

この法律により、差別の訴えを処理する調停機関が設けられ、ホテル、食堂、娯楽場、または交通機関における、人種、肌の色、国籍等による差別が違法なものとなった。この調停機関の権限は、内務大臣が任命した委員や労働組合の代表などからなる人種関係会議（Race Relations Board）に与えられた。

しかし実際のところ、この調停機関への提訴は少なく、さまざまな調査の結果、訴えの多くがこの法律の適用外となってしまうことが判明した。そこで労働党政府は、この法律を改正するために新しい法案（筆者注―一九六八年人種関係法）を議会に提出した。この新法案では、特に雇用と住宅に関する旧法の規定が改善された。

(二) 一九六八年の人種関係法

この新しい法律は、雇用、住宅、物資の供給、諸サービスの便宜に関する差別の廃止、および差別的な出版または広告、掲示物の禁止を打ち出した。すなわち、以上のことについて、肌の色、人種、国籍等に基づく差別の撤廃を目指したのである。さらに、この法律は、既存の人種関係会議を再編成し、それに人種差別の訴えを調査する義務を課した。この新人種関係会議は、調停によって争いを解決する責任を負わされていたし、訴訟が生じたときには処分を下す全権を与えられていた。また、この法律に基づいて、コミュニティー人種関係委員会（Community Relations Commission）が設立され、地域社会における調和のとれた人間関係の維持発展に資することになった。この法律の成果はかなりのもので、雇用条件、保険への加入、差別的広告や掲示物の撤廃等の面で相当の改善がみられた。

だが、一九七五年に労働党政府は、この法律についてもいくつかの弱点を確認することとなった。それは、差別の定義が狭すぎて非現実的であること、個々の実態の調査に追われ人種関係会議が十分にその機能を発揮できないこと、個々の訴えが法律を強制する上で十分な根拠にならなかったこと、実際に少数民族の地位の改善がみられなかったので、法律の効果について一般の人々が強い疑問を抱いていたこと、などである。

㈢　一九七六年の人種関係法

一九七六年の人種関係法は、一九六八年法の持つ弱点を克服するために作られた。先ず、人種関係会議とコミュニティー人種関係委員会は廃止され、新たに人種平等委員会（Commission for Racial Equality）が設置された。この新しい委員会は、一般の人々の利益に添った形で法律を施行する際に、戦略上、重要な役割を果たすことになった。すなわち、人種平等委員会は、差別が行われていると考えられる場合、正式な調査を実施する権限を持っている。また、同委員会は、一定の制限はあるにしても、情報の提出や証人の出席を強制する権限がある。同委員会は、調査が終了すると報告書を提出し、内務大臣に政策や法手続き、さらには法自体の改正を勧告することができる。

同法は、直接・間接の二種類の人種差別を定義している。直接的な人種差別は、人が自分以外のある人を人種に関わる理由で不利に扱うときに生まれる。人種に関わる理由とは、肌の色、人種、国籍などを指す。一方、間接的な人種差別とは、建前上人種グループ間では平等であるが、実際上は一つの特定グループに対し差別的であるような扱いを指す。

そして同法は、旧二法と同様に、雇用、住宅、教育、一般の人々への物資の供給、施設とサービスの供与に適用される。しかし、同法の規定は、一般的に閣僚や省庁の行為には適用されるが、王室に仕える公務員については、氏素性、国籍等に関して例外規定が設けられている。

また、同法の実施には、人種関係委員会の機能の他、個人の法的救済の側面がある。すなわち、不当な差別を受けていると思う人は、所定の下級裁判所、州裁判所、または労働裁判所に提訴することができる。雇用上の苦情は労働裁判所に提訴できるが、その他の分野の苦情はイングランドとウェールズの所定の下級裁判所、およびスコットランドの州裁判所によって処理される。教育に関する苦情は、裁判所に持ち出される以前に、文部大臣に通告される。

以上、政府による人種関係改善のための、三つの立法措置を概観した。問題は、為政者によるこうした努力にもかかわらず、一九八〇年以降においても、有色人労働者は依然として職探しや昇進の際に不利な立場に置かれているし、さまざまな人種的嫌がらせを受けているという事実である。おそらく、一九七六年の人種関係法にも、種々改善の余地があるのだろう。しかし、いかに法律を改善しても、法律自体は万能ではない。したがって、学校、職場、地域社会、公共機関などあらゆる場において、人々に人種差別の弊害と違法性を認識させるための地道な努力が不可欠となる。

ちなみに、数々の人種的嫌がらせや暴力をみかねたレスター市の人種関係委員会が、「人種的嫌がらせ対策プロジェクト」(Racial Harassment Project) を立ち上げたのは、一九九一年のことだったし、サンドウェル市議会が、人種的嫌がらせ対策ユニット (Racial Harassment Unit) を創設し、この問題に取り組み始めたのは、一九九八年になってからのことだった。

第八章　教育の中の人種摩擦

一九九一年、インディペンデント紙に掲載された世論調査にみられるように、学校の教員の「公正さ」については、雇用者、警官、裁判官に比べて、より高い評価を受けている。しかし、これは、教育現場において、人種差別や摩擦がまったくないということではない。ここでは教育現場における差別や摩擦が、実際にどのような形で存在するかを明らかにしたい。

言うまでもなく、イギリスでは、教育現場における人種差別は法律によって禁止されている。一般に、生徒間の人種的もめごとは学校の外で表面化することが多いと言われているが、それは教師の指導方針―学校は人種的感情に基づいた言動とは無縁でなければならない―がそれなりの成果を挙げているからに他ならない。この点について、総合中等学校（comprehensive school）で実地調査を行ったJ・レックスとR・ムーアは、二人の共著『人種、コミュニティーおよび争い』（*Race, Community and Conflict, 1967*）の中で、次のように述べている。

「学校内で、人種的な対立が絡んだ出来事が発生することは、非常にまれであった。しかし、同じ子供たちに学校の外で面接調査をしてみると、かなりの人種的反目があることが明らかとなった。特に上級生の間ではそうであった。学校内で争いが起こらない理由は、子供たちが学校はそうした感情を表に出す場所ではないとわかっているからである。先生方も全員が、子供たちを平等に扱っており、教室内で人種をあげつらうことは見当違いだと強調した」

以上が、この国における一般的な状況だと言ってよいだろう。しかし、実際のところ学校によっては、人種摩擦が校内で顕在化している現実にも目を向けなければならない。そこで、校内における人種摩擦の実態を、いくつかの具体的な事例に基づいて検証してみるとしよう。

先ず、白人女性教師と西インド諸島人の女生徒四人の事例である。この教師は、生徒たちに対する本音を実地調査を行った研究者に次のように語っている（Troyna, B., *Racial Inequality in Education*, 1987）。

◇「私は、このグループが本当に嫌なんです。態度が悪いのと動機付けが難しいのとで、彼らは現在、私が受け持っているクラスの中で最低です。問題は、あるグループの生徒たちが、授業をとてもやりにくくしているということです。私がいま言っているのは、一緒に座っている西インド諸島人の女生徒四人のことです。彼女たちの態度は、何か集団力学と関係があるのではないかと思われます。彼女たちだけのときは、しっかりとした行動が取れるんですからね。とにかく、この女生徒のグループはいつも他の先生方に迷惑をかけ、絶えず親たちが学校に呼ばれています」

このフィールドワークを行った研究者によれば、中程度の能力を持った生徒たちの集団である当クラスは、学年として集団で英語の授業を受けていた。このクラスは、アジア人の女生徒三人・男子生徒六人、アフロ・カリビアンの女生徒六人・男子生徒一人、中国人の男子生徒一人、白人の女生徒三人・男子生徒八人からなっていた。生徒たちは、一たん教室が静かになると、腰を落ち着けて勉強に取りかかり、与えられた課題にある程度の取り組みを示すようにみえた。しかし、先生と生徒たちとの人間関係、特に彼女と数名のアフロ・カリビアンの女生徒たちとの関係は、しばしば緊張をはらむものであった。

このクラスは、少人数であると同時に国際色が豊かで、日本のクラスとはだいぶ趣を異にしている。そして、この女性教員によれば、このクラスは態度の悪さと動機付けの難しさの点で最低のレベルで、特に西インド諸島人の女生徒四人が始末に負えず、他の教員も指導にてこずっているという。当然、生徒たちも、こうした教師の側の気持ちを敏感に感じ取って、事態をさらに悪くするという悪循環に陥っているようだ。

さて、次の事例は、金物細工の授業を担当する白人男性教師と、アフロ・カリビアンの男子生徒との人種摩擦である。この場合は、教師の個性が原因と思われる独特な言動が重要な要素となっている。彼の意図がどうであれ、生徒たちが、それを人種的偏見だと考えている点に注目しなければならない。

この金物細工のクラスには、アジア人の男子生徒二人、アフロ・カリビアンの男子生徒五人、白人の男子生徒一四人がいる。教師と大部分の生徒との人間関係は概ね良好であったが、彼と西インド諸島人の生徒たちとの間には不信感と敵意があると観察された。そして、この白人男性教師と西インド諸島人の男子生徒との関係にとって問題なのは、徳育と学習のために用いられている当該教師の学級経営のやり方であった。すなわち、この教師が用いた方法は、概してあざけりや生徒たちとの口論によるものであり、こうしたやり方が西インド諸島人の男子生徒に用いられた場合、その他の生徒の場合と違って、生徒たちと教師との間で面目を保ったり失ったりする競争にならざるを得ないように仕向けられた。さらに、西インド諸島人の男子生徒たちは、教師が自分たちの肌の色に対してあまり尊敬の気持ちを持っていないために、自分たちをそんなふうに扱うのだと考えていたのである。生徒たちにそう取られること自体、指導上、好ましくないと思われる。

教師の側からの権威の押し付け、さらには西インド諸島人の民族性（ethnicity）や肉体的特長に対する教師の不用意な発言が、双方の間に緊張と対立を生み出す直接の原因となっているのである。また、総じて、肌の色の黒い生徒たちは、インド人やパキスタン人（筆者注—彼らも広義には、「ブラック」と呼ばれている）などの生徒たちに比べて、白人と対等になろうとする意識が強く、それだけに自己主張も強いようだ。これが教師との対立を生む伏線となっていることも否定できない。実地調査を行ったB・トゥロイナは、次のように述べている（Troyna, B., *Racial Inequality in Education*, 1987）。

「両校における教師と西インド諸島人の教室での出会いは、しばしば対立と争いによって特徴付けられていた。教師と生徒たちとの教室でのやり取りは、教師がたびたび自分の権威を押し付けたり、生徒を批判したりするという形を取っている。さらに、教師と西インド諸島人の生徒との争いを生む教室内での状況は、しばしば、教えるという仕事そのものと関連していることがみられた。例えば、教師の中には、授業中に西インド諸島人の生徒の民族性や肉体的な特徴について、たびたび、冗談交じりの意見を言ったりすることがあった。先生の側のこうした行為は、生徒たちにかなりの苦痛を与えていることがわかった」

このように、調査対象となった学校での人種摩擦は、主に教師対西インド諸島人の生徒という図式で表されることがわかった。ここで再び、西インド諸島人の生徒たちの言い分に耳を傾けてみよう。先ず、男子生徒たちの言い分は、次のようである（Troyna, B., *Racial Inequality in Education*, 1987）。

面接者：「君たちはみんな、アジア人の生徒が、先生によって西インド諸島の黒人生徒と同じように扱われてはいないと言っているんですね」

キース：「なぜって、アジア人ときたら、今の僕たちのように人との付き合いを避けるだけなんですから。僕たちは、ただ白人と対等になりたいだけなんです。アジア人は、自分の気持ちを口に出して言いません。彼らは、言いたいことを全部腹の中にしまっておきます。というのは、彼らは白人を恐れているからです」

マイケル：「彼らは、そのことについて何も言いません」

キース：「だから、アジア人の生徒は、僕たち黒人の生徒より裕福なんです。僕には、それしか言えません」
ポール：「そう、アジア人の生徒は、あっちこっち動き回って、先生ともめごとを起こすような連中じゃないんだ」
面接者：「では、君たち黒人の生徒は、みんなあちらこちら動き回って、先生と問題を起こすんですか」
一同：(自分たちを弁護するような口調で)「いや、とんでもない！」
キース：「そう、とんでもないことです。僕たちが正したいのは、白人と平等の権利が欲しいということです」
ポール：「僕は、黒人の生徒が問題を起こすと言っているのではなく、ただ、先生たちが黒人の生徒たちはいつも動き回って問題を起こすと思いこんでいると言っているだけです」
キース：「先生たちは、黒人の生徒を見下しているのです」
このやり取りからも明らかなように、黒人の生徒は、アジア人の生徒と違って、白人と同じ権利を求めて率直に発言したり行動したりするため、教師たちから問題児扱いされていると主張している。彼らの発言から判断する限り、アジア人の生徒は、黒人の生徒に比べて、自己抑制的で順応型と言えそうである。

さて、次の事例は、西インド諸島人の女生徒たちが教師による授業を自分たちに対する侮辱、批判、命令以外の何ものでもないと感じていることを示している（Troyna, B., *Racial Inequality in Education*, 1987）。

バーバラ：「この学校（総合中等学校）の先生たちは、生徒にうるさすぎます」
面接者：「どんなふうに、うるさいんですか」
バーバラ：「先生たちは、教室で生徒を怒らせます。だから、勉強に取りかかれないんです」
生徒たち：「そうよ、そうよ」

次の事例でも、二人の西インド諸島人の男子生徒が、彼らに対する教師の侮辱と不公平な取り扱いに不満と怒りをぶつけている（Troyna, B., *Racial Inequality in Education*, 1987）。

面接者：「先生によるこのような言動が、君たちの態度にどのような影響を与えていると思いますか。少し詳しく話してください」
ポール：「この学校は、黒人の生徒に敬意を払ってくれません。僕たちは、ひどい扱いをされていて、学校から絶えず挑戦を受けています。僕は、ある授業に出ていたときのことが忘れられません。X先生はいつも僕に、『君はなぜ、日焼けして黒くなったんだい？』と言うので、僕が『これは、生まれつきです』と答えると、彼は『それじゃ、チョコレート工場へ行って、（筆者注―白いチョコレートに）造り直してもらうんだな』と言ったんです」

ケヴィン：「僕たちは、不公平な取り扱いを受けています。それは僕たちが黒人だからです。彼らは、白人の生徒の面倒はみますが、僕たちの面倒はみてくれません」

なお、トゥロイナは、こうした教師に対する黒人生徒たちの対抗手段について、こう述べている(Troyna, B., *Racial Inequality in Education*, 1987)。

「西インド諸島人の生徒たちは、面接調査の中で、自分たちに対する教師の言動について似通った不平や不満を述べているようだ。確かに、その共通点は、男子生徒および女子生徒双方の教師に対する反応の仕方の中に認められた。たとえば、授業の中で、男女とも教師とやり取りをする際に、ジャマイカの方言を使って露骨に教師と対決する気構えができていた。こうした状況にあって、教師の中には、生徒たちが自分にわからない方言を使うことに対して、たいへんな恐怖を感じる者がいたことも事実である。教師たちの心配は、ジャマイカの方言を使う生徒たちに対する否定的な姿勢を強めることにしか役立たなかった。西インド諸島人の生徒たちにとって、教師の文化的レパートリーの埒外にある伝達手段を使うことは、教師の権威をひそかに傷つけるという意図があったのだ。多くの事例で、この戦略は、非常に有効だと認められた。

西インド諸島人の生徒、特に男子生徒たちが、彼らと教師との間に存在する希薄な人間関係に反応するもう一つのやり方は、教師たちをなぶったり、ジャマイカの方言で教師にまくし立てたりしながら、休み時間に校内をうろつき回るアフリカ系カリブ人だけの大きな集団を組織することだった。ある生徒の言葉によれば、彼らの行動の目的は、『先生を怒らせること』であった。その上、そんなふうに振舞うことによって、彼らは、自己実現を達成し始めたのである。そして、このことは、教師たちの（彼らに対する）厳しい見方をさらに正当化したようである」

以上、みてきたように、有色移民の生徒を多く抱える公立の中等学校では、白人教師と生徒との間に、大なり小なり肌の色や考え方の違いによる摩擦が生じていることがわかる。当然のことながら、こうした問題は、有色人の生徒がほとんどいない私立中等学校やグラマースクールなど一部のエリート校では起こりえない。ちなみに、ブレア首相は、階級制度の打破と人種の平等を唱えているにもかかわらず、自分の子供を有色人の生徒がいない学校に入学させたことで批判を浴びたようだ。

第九章　異人種間結婚に対する白系イギリス人の先入観

この章では、白系イギリス人が、有色移民との結婚に対してどのように考えているかを検証したい。

先ず、有色移民がこの国にやってきて間もない一九五八年と六一年のギャラップ調査により、白系イギリス人が有色移民との異人種間結婚をどのように考えていたかについてみる。すなわち、この調査によれば、有色移民との結婚に賛成する者の全体に対する比率は、五八年は一三%、六一年は七%に過ぎなかった。逆に、反対する者の比率は、それぞれ七一%と六八%にも達していた。また、少数民族が多く住みついている都市部と、そうでない地域とでは違いがあるにしても、いざ話が自分の近親者に関わってくると、有色移民との異人種間結婚に反対する者の比率はぐんと高まる。実際、ジャマイカからの有色移民が多く、白人の労働者や若者による人種的嫌がらせが多発したロンドンのブリックストンでは、彼ら有色移民に対する偏見と敵意が強いため、白人の娘が西インド諸島人の男性と交際することはめったになかったという。

以下では、いくつかの具体的な資料により、一九六〇年代後半までの情況を確認したい。

◇「バントンの六つの地方における意識調査によれば、回答者の四五%が、有色人との結婚に反対だという結果が出ている。また、一九五八年九月のギャラップ調査によれば、回答者の一三%しか有色人との結婚に賛成しなかったが、一方、七一%が反対し、一六%がどちらとも言えないと回答している。なお、一九六一年五月のギャラップ調査では、その比率はそれぞれ、七%、六八%、および二五%であった」(Patterson, S., *Dark Strangers*, 1965)

◇「ブリックストンの白系イギリス人の大部分は、白人と有色人との結婚を嫌っている。したがって、この地区では、まじめな女の子(白人)が、西インド諸島人の男性と出かけたり、求愛したりすることはほとんどない」(同前)

◇「地域の人々は、有色人を自宅に招いたり、親友として付き合ったり、姻戚関係を結んだり、結婚して子供を儲けたりするよりは、一般の見知らぬ人々に対するように、パブで話しかけたり、たまたま社交クラブで会って一緒に踊ったりするほうを好む。有色人との結婚に対するこうした嫌悪感が大半のイギリス人にあることは、ほとんど疑いの余地がない」(同前)

◇「地区の人々の態度は、『そうですね、もし彼らがそうしたいのなら、他人が口を挟む問題ではありませんね』という穏やかな反対から、『むかつきますね。一体全体、私にはどうしてまともな女性が、黒んぼなんかに肌を許すのかわかりません』という露骨な反対に至るまでさまざまである。不干渉主義の態度は、有色人との結婚や同棲の可能性が自分の娘や親戚の娘という話になると、がぜん無慈悲になる傾向がみられる。私は、しばしば、面接調査の終わりのころに、男性と女性の両方から、『それでは、有色人と結婚したいと思っている人が、あなたの娘さんだったらどうしますか』と聞かれた。一般に、最もはっきりとした敵対的な態度は、仕方なく有色人と社会的に接近して暮らしている若い女性の親の間でみられた」（同前）

◇「地域の人々は、大部分、偏見を持っていない。したがって、インド人との混血児が土地の女の子と出かけても、気にすることはない。しかし、そうは言っても、彼らは、自分の娘が一見してそれとわかるような有色人と結婚することは望まないであろう」（Patterson, S., *Immigrants in Industry*, 1968）

また、異人種間結婚に対する白系イギリス人の考え方については、一九八三年から九一年にかけて、「イギリス人の社会的判断」（*British Social Attitudes*）と題した社会調査が数回にわたって行われている。これらの調査でも、約七五％のイギリス人が、近親者の異人種間結婚には反対だと回答している。さらに、一九七六年にダワーが行った調査でも、この件についてほぼ同様の結果が出ている。したがって、有色移民がイギリスに流入して間もない六〇年代から近年にいたるまで、大方のイギリス人が、近親者の異人種間結婚に冷ややかな態度をみせていることがわかる。

このことに関連して、筆者の脳裏をよぎるのは、イギリス人が、歴史的な理由によって、ペッキング・オーダー（人種や階級による序列）の頂点に立っているということである。特に、年配者たちの人種的優越感、ゼノフォビア（外国人嫌い）、および外国人に対する不信感は、歴史的な経緯で醸成されたものだと言われている。ちなみに、社会学者、S・パタソンは、自著『肌の黒いよそ者』（*Dark Strangers*, 1965）の中で、次のような興味深い見解を披瀝している。

「イギリス人の外国人に対する反感は、一連の歴史的、経済的要因で説明がつく。これは、すべてのよそ者に対して、嫌悪感・優越感・不安感といった感情を抱く等質的で歴史の古い、地理的に孤立した社会において、通例みられる傾向を強めてきた。

何世紀にもわたって、イギリス人の大多数は、戦時中の敵として、ときにはまた、植民地的状況の中でどちらかと言えばありがたくない盟友として、あるいは生活水準の低い外国人労働者の集団が国内に招かれ、イギリス人の仕事や生活を脅かしたとき、彼ら外国人と顔を合わせてきたのである。このような出会いは、ほとんどいつも、すべての外国人に対する敵意・優越感・不安感といった感情を呼び起こすか、強めることにしか役立ってこなかった。これは、フランス人やドイツ人のようなかつての敵や、一九世紀における南部のアイルランド人やリトアニア人のような低廉な移民労働者、さらには黒人やアジア人やアラブ人のような植民地人についての、たいていやや軽蔑的だが厳密な意味で、必ずしも紋切り型の先入観ではないのである」

パタソンのこうした見解は、さまざまな場面におけるイギリス人の言動を観察するとき、実に的を得た分析だと言わざるをえない。

しかし、近年において、こうしたイギリス人の外国人観にも、世代間ギャップが生まれてきた。年配者の外国人観は概ねパタソンの分析どおりであるが、今日の若者たちは、かつて世界の頂点を極めた大英帝国の栄光や、それがもたらす優越感や人種的偏見から解放されつつあるということだ。

筆者は、一九九七年にレスター市を訪れたとき、たまたま学生がホームステイした白系イギリス人の家庭で、このことを象徴するような事例に出くわした。当時、五〇代前半だったウィンズロウ夫妻は、かつて仕事の関係で数年間を南アフリカで暮らしたことがある。筆者が訪問したとき、夫妻はレスター市の郊外に一戸建ての住宅を構え、次男のスチュアートと親子三人の生活を送っていた。

長男はすでにインド人女性と結婚して家を出ていたが、両親、特にウィンズロウ夫人は、彼がこの女性と結婚することに強く反対したという。夫人は、反対した理由について、こんな説明をしてくれた。

◇「イギリス人が考え方や文化の違うインド人女性と結婚するということは、結婚する本人はもとより、双方の家族、親戚、隣人、さらには生まれてくる子供たちとの複雑な関わり合い（complicated implications）について考えなければなりません。これを一つひとつ解決していくにはたいへんな努力が必要ですが、まだ若くて人生経験の乏しい長男には、そのことがわかっていないと考えたからです」

しかし、長男は、自分の自由な考えに従って、このインド人女性との結婚に踏み切った。現在、実家の近くに住んでいる長男夫婦は、二人の子供にも恵まれ幸せな結婚生活を送っているが、結婚当初は、しばらく実家との行き来も疎遠になったという。それが今では、長男夫妻が孫を連れて実家を訪れると、ウィンズロウ夫妻は、一も二もなく大歓迎だという（筆者注―こうしたことは、洋の東西を問わず、よく耳にする話である）。ちなみに、次男のスチュアートに彼の結婚観を尋ねたところ、兄と同じように、人種や国籍にはこだわらないと話してくれた。

次に、若者のこうした新しい変化との関連で、筆者が実際に見聞した事例を紹介しよう。

筆者は一九八九年の夏、語学研修の学生と一緒にレスター市を訪れたとき、この多民族都市のヴィクトリア公園で、たまたま出遭った西インド諸島人の若者から次のような話を聞くことができた。彼は私がすすめると、すぐそばのベンチに腰をおろし、かなり早い口調でこう語り始めた。

◇「僕はこの国で生まれ育ち教育を受けた英国人（British）で、妻もイギリス人女性（白人）です。僕の両親は、バルバドスから移民としてこの国にやってきましたが、英語が思うように話せなかったので、イギリス人やその他の人々とはあまり交わりませんでした。ですから、両親の交際相手は、言葉や習慣や文化が同じ同国人しかいませんでした。でも、第一世代の移民と違って、僕のような二世代目以降の若者は、白人やその他の人々とも積極的に付き合うようになってきました。したがって、僕のように、イギリス人の女性と結婚する者も増えています。ここイギリスでは、アメリカで言われているようなサラダ・ボール論は、徐々に崩れてきています。僕は、最終的には、地球上のすべての人種と文化が融合（integrate）すると考えています」（ちなみに、筆者のメモによれば、この出会いは、一九八九年八月三〇日午前一〇時となっている。）

ドイツではロマと呼ばれるジプシーが、七〇〇年以上にもわたって差別されてきたという歴史的現実や、現在のユダヤ人が置かれた情況を考えると、この黒人青年が語った最後の件り—最終的に、地球上のすべての人種と文化は融合する—は、楽観的過ぎるかもしれない。しかし、イギリスにおける白人と有色移民との人種関係が、徐々によい方向に向かっているということもまた事実である。ちなみに、『イギリスのすべて』（*All About Britain*）の著者、ファレルは、同書の中でこの国の西インド諸島人の四〇％が白人と結婚しており、その比率はアメリカの一二倍だと述べている。

さて、筆者は、以前この問題に関して、あるBBCのドキュメンタリー番組を見たことがある。「黒人と白人の愛」（*Love in Black and White*）と題したこの番組は、一九九八年八月末に放映された。これは、二〇世紀初頭以来、黒人と白人との異人種間結婚がいかに冷たい目で見られてきたか、そしてまた、近年そうした状況が徐々にではあるが、改善されつつある社会的背景を報道するものであった。この報道番組が多く用いた手法は、異人種間結婚に踏み切った夫婦、その子供や孫たち、さらには親戚といった、実際に差別を受け偏見にさらされてきた当事者たちへのインタビューだった。

その内容は、実際に差別され迫害された当事者が語っているだけに説得力があり、視聴者の心を打つものであった。筆者は、この番組を見終わったとき、人種的偏見に基づくいわれのない差別や迫害がいかに有害であり、かつまた、いかに人々の心を傷つけるかを改めて実感したのだった。それと同時に、以前に比べて異人種間結婚に対する差別と偏見が少なくなってきたという当事者たちの言葉に、救われる思いがしたことも事実である。

第一〇章　混血児に対する白系イギリス人の先入観

さて、白系イギリス人は、有色移民が流入して間もない一九六〇年前後、彼らとの間に生まれた混血児に対して、どのような感情を抱いていたのだろうか。これについてはすでにみたように、約七〇%の白人が、有色人との異人種結婚に反対していることから容易に推測できる。すなわち、彼らは混血児に対して、おおむね否定的な感情を抱いていたのである。

次に挙げるさるイギリス人の言葉は、このことを端的に物語っている。

◇「私は、別に偏見など持っていないのですが、有色人との結婚には絶対に反対です。ただし、夫婦が子供を作らないということなら、反対はしません。この町の有力者であるセレッツェの例をごらんなさい。彼の子供たちでさえ、イギリスでは受け入れられないでしょう。ですから、白人にせよ有色人にせよ、人生で成功した人々は、異人種間結婚には賛成しないのです」(*S. Patterson, Dark Strangers*, 1965)

それでは、実際に混血児は、どのような差別を受けていたのだろうか。

先ず、日本人の母親とイギリス人の父親との間に生まれた混血児ロバートのケースをみるとしよう。彼の場合、有色人との混血であるという事実が小学校の友達に知れわたるや否や、いわゆる「いじめ」が始まったのである。それは、しばしば子供たちの間でみられるように、遠慮のない露骨なものであった。ロバートは、「ウォッグ（間抜けな有色人）」とか「チンク（チャンコロ）」などと罵倒されたほか、新しく買った腕時計を取り上げられ、壁に叩きつけられたりした。このような卑劣ないじめに対処する術を知らなかった彼は一人で悩み続けたのだが、ある日突然、その彼をさらなる悲劇が襲うことになった。

そのことについて、ロバートの母親はこう訴えている。

◇「息子のロバートがタットシル小学校で勉強するようになってから、人々は息子の母親が日本人であることを知りましたが、それからというもの息子は生徒たちにいじめられてきました。子供たちは、彼のことを『間抜けな有色人』、『チャンコロ』、『むかつく日本人』などと嘲ったのです。……私たち夫婦は彼に腕時計を買ってやりましたが、彼らはそれを息子から取り上げ、壁に叩きつけました。これは、息子が死ぬ前の日の出来事でした。

翌日、それは、一九六五年の五月二五日のことでしたが、彼はとても心が動転してしまって学校へ行きたがりませんでした。でも、その二日後には学校が休みに入る時でしたので、彼に言い聞かせて無理やり登校させました。家を出てから一〇分後、通学用のバス停を一〇〇ヤードほど過ぎた所で、息子は車にはねられて死んでしまいました。これは後でわかったことですが、ロバートは、通学バスに乗るのが怖くて、三週間も歩いて学校に通っていたのです。彼はいつも『僕は大きくなったら、イギリス紳士になるんだ』と言っていました。でも、チェプストウとセドベリの人々は、彼にその願いを叶える機会を与えてはくれませんでした。息子がどんなに苦しんでいたかは、神様にしかわからないことです」(*Daily Mail*, 1967)

次に挙げるのは、ポリネシア人との間に、三人の子供を設けた白系イギリス人女性の訴えである。彼女は、自分の子供たちに対するイギリス人、特に中流階級のイギリス人の冷たい差別的な言葉や仕打ちに対して、強い怒りと絶望を吐露している。なぜなら、彼らは、彼女の子供たちに、黒い肌は劣っているのだということを教え込んだし、自分の子供と彼女の子供との接触を拒んだからである。また、彼らの子供たちまでもが、彼女の子供たちをただ単に肌の色が黒いというだけの理由で、軽蔑し仲間外れにしたからである。彼女の子供たちは、イギリスに来るまで肌の色による差別を受けたことがなかったので、それについての劣等感は持っていなかった。それだけに、彼女の子供たちが受けた心の傷と戸惑いが、いかに大きかったかは容易に想像できる。

彼女は、こうした状況に絶望し、イギリスには褐色の肌をしたイギリス人の未来はないと訴えた。途方に暮れた母親は、法律で人種差別が禁止されているカナダへの移住を考えていたようだ。イギリスではすでに一九六五年に最初の人種関係法が成立していたが、まだこの法律自体が十分に整備されていなかったし、その意図するところが人々の間に浸透していなかったからである。以下では、しばらく彼女の悲痛な訴えに耳を傾けるとしよう。

◇「私は、イギリス人の女性で英語の教師をしていますが、ポリネシア人との間に生まれた三人の子供を連れて、最近、太平洋地域から祖国へ帰ってきたところです。ところで、しばらく住んでいた郊外の中流階級の住宅地でささやかれた言葉は、これまで人種的偏見に出会ったことのない私の子供たちにとって、現在住んでいる文化程度の低い地区の人々の正直で偽善性の少ない言葉よりも、はるかに気持ちを動転させるものでした。それまで私の子供たちは、自分が劣っているなどという暗い考えを抱いたことはありませんでした。ですから、子供たちは、自分が置かれた立場をわきまえず、上品で用心深い郊外の人々の心を狼狽させたのです。子供たちは、私が南アフリカで下船できないこと、そして、もし船を降りたりすれば、母親がむちで打たれたり、投獄されたり、罰金を掛けられたりすることを知っていました（筆者注─当時アパルトヘイトを実施していた南アフリカでは、背徳法によって、白人と有色人との恋愛や結婚が禁止されていた）。でも、聞いてください。六歳の子供の口から、こんな言葉がもれてくるんです。『母さん、なぜここの生徒たちは、この有色人の女の子が嫌いな人は手を挙げて、なんて言うんでしょうね』、『母さん、あの子は、私が母さんの本当の子ではなく養子だったら母さんと口を利くけれど、そうでなければ口は利かないと言うんだよ』、『母さん、わたし、友達のお父さんが家にいないときしか、お茶に呼んでもらえないのよ。だって、あの家のお父さんは、私をお茶に呼んだりしちゃ絶対にだめだって言うんだもの』。

今、私がこの投書を書いている街の中流階級の人々は、南アフリカと強い関係があるのかもしれません。……それにしても、私たちは、一体、どこへ行ったらよいのでしょうか。ここには、褐色の肌をしたイギリス人の未来はないのです。カナダのオンタリオは、性、信条、肌の色などによる差別が法的に禁止されていますので、世界中でいちばん暮らしやすい所だということは本当なのでしょうか。近所の人たちが、『子供たちを家から出さないでください。私は家を売ろうとしているのですから、不動産の値段が下がると困ります』などと言わない所へ行きたいのですが、どこかそういう国はないでしょうか。私の夢やキング牧師の夢が現実のものとなり、私の子供たちが肌の色によってではなく、人格の中身によって判断されるような所に行きたいのですが、どこかそういう国はないでしょうか。悩める母より」(*The Times Educational Supplement*)

この母親は投書の中で、労働者階級の正直で偽善性の少ない言葉よりは、むしろ教育水準の高い中流階級のささやく言葉のほうがはるかに強く子どもの心を傷つけたと訴えているが、これはイギリス人の差別感情を階級との関連で考察する際に興味深い指摘である。

一九六〇年代に混血児が置かれていた状況は、今日においても基本的には変わらないだろう。しかし、すでに述べたように、イギリス社会の半数以上を構成する若い世代が、ますます大英帝国の栄光や人種などにこだわらない自由な発想をするようになってきたので、徐々にではあるが、そうした状況にも変化が現れているとみてよいだろう。次に挙げる事例も、その一端を示すものである。

労働党系のタブロイド紙「デイリー・ミラー」は、一九九八年九月八日付で「わが家の黒と白の奇跡」（OUR BLACK AND WHITE MIRACLES）という見出しの記事を掲載している。これによれば、白人の父親スティーヴと黒人の母親アンとの間に双子の赤ん坊が誕生したのだが、奇跡的にも一人は白人、もう一人は黒人であった。そして、それぞれを抱いた幸せそうな夫婦の大きな写真には、次のようなキャプションが添えられていた。

「カラー・ブラインド：母親のアンは、双子が生まれたとき、エマが白くてフロレンスが黒いことに気づかなかった。しかし、父親のスティーヴは『そんなことは、どうでもいいんだ』と言っている」

カラー・ブラインドという英語は、もともと「色盲の」とか「色弱の」という意味であるが、一九八〇年代初頭に、アメリカのレーガン大統領が初めて「人種差別をしない」という意味でこの言葉を使って以来、新たにその語義が付け加わったと言われている。そして、上記のキャプションは、カラー・ブラインドという言葉の新旧二つの意味を見事に使い分けている。すなわち、アンは双子の娘が生まれたとき、嬉しさのあまり黒と白の区別がつかなかったのだから、少なくともその瞬間は「色盲の」母親だったことになるし、一方、スティーヴは「黒か白かなんてどうでもいいんだ」と言っていることから、「人種差別をしない」父親ということになる。

なお、この記事を書いたルーシー・ロック記者は、「フロレンスは黒人、そしてエマは白人である―しかし、ここに写っている二人の赤ちゃんは、双子の姉妹である」というリード（導入文）に続けて、こう伝えている。

「赤ちゃんたちの誇り高い母親は、双子が生まれたとき嬉しさのあまり、最初は、二人の肌の色が違うことに気づかなかった。看護学生のアンは、双子の男の子が生まれると思っていたが、『二人が生まれて本当にわくわくしました。とても幸せです』と語った。そして、すぐに、フロレンスが母親似、一方、エマは父親のスティーヴ似であることがはっきりした。なお、この夫婦には他に二人の娘がいるが、ソフィア（一〇歳）とアレックス（八歳）は混血児の顔立ちである」

この記事から明らかなように、この夫婦にはそれぞれ白、黒、褐色の肌をした四人の子供がいるわけだが、これは肌の色を気にしないという今日の若い世代の考え方を象徴しているかのようだ。イギリスのメディアも、そうした若者たちに温かい視線を投げかけているのである。ちなみに、双子の赤ん坊が黒人と白人に分かれて生まれるケースは、万に一つだという。

第一一章　都市で発生した主な人種暴動

この章では、これまでにイギリスで発生した主な人種暴動の背景と実態を明らかにしたい。

㈠　ノッティンガムの人種暴動（一九五八年）

先ず、一九五八年八月二三日土曜日、ノッティンガム市で発生した人種暴動についてみるとしよう（富岡、前記書）。

当時、同市の人口は三〇万人あまりで、そのうち、一％未満の約二五〇〇人が、西インド諸島系やアフリカ系の有色移民（黒人）だった。前述のとおり、彼らは、第二次大戦後、イギリスの経済が好況で大量の労働力を必要としていたとき、政府や産業界の呼びかけに応える形で元植民地からこの国にやってきたのである。彼らは、祖国での貧しい生活に見切りをつけて、宗主国での豊かで文化的な生活に夢を託したのだった。

しかし、この黒人労働者たちは、イギリスの経済が好況で彼らの労働力を必要としているときには歓迎されたのだが、五〇年代後半に経済が衰退に向かい大量の失業者が巷にあふれると、仕事をめぐって白人労働者との間にトラブルが発生するようになった。仕事の奪い合いの中で、白人労働者とテディーボーイ（白人の不良少年）たちは、これらの有色移民に対して繰り返し執拗な人種的嫌がらせや暴力を行っていた。そんなとき、すでに失業率が一四％にも達していた黒人たちの欲求不満が、ついに爆発したのである。

暴動の発端は、閉店間際のパブの外で始まった黒人と白人との喧嘩だった。この争いでは、大勢の黒人が、六人の白人を刺したと言われている。それは、彼らが受けてきたさまざまな人種的迫害に対する復讐であった。

この刺傷事件は、またたく間に周辺の白人に知れ渡り、敵意をあらわにした白人が続々と現場に集まってきて、乱闘に加わった。乱闘は、ナイフ、かみそり、杭、手摺、瓶などを振りかざす若者たちによって、一時間以上も続いた。その結果、黒人の多くが切り傷や打撲傷を負い、警官を含む八人が病院に運ばれた。

この日の騒乱は深夜になってやっと治まったが、これですべてが終わったわけではなかった。一週間後の八月三〇日土曜日、前回と同じセント・アンズ・ウェル通りに、テディーボーイや近所の白人などが集まり、黒人狩りの機会をねらっていた。しかし、黒人たちは警察の助言に従って家の中に引きこもっていたため、路上で一、二の小競り合いはあったものの、大きな騒ぎにはならなかった。そこで、不良少年たちの矛先は、彼らの暴力から黒人を守ってきた警官に向けられ、両者の間で乱闘騒ぎとなった。その結果、五〇人以上が、警察に連行されたと報じられている。

この地区の騒ぎは、その次の土曜日（九月三日）にも発生している。セント・アンズ・ウェル通りに集結した白人の群集は、黒人の居住区に行進し、彼らの家にレンガや石などを投げつけ、窓ガラスを割った。家を取り囲まれ、物を投げつけられた黒人たちは、階上から瓶や鍋などを投げて応戦した。

㈡　ノッティング・ヒルの人種暴動（一九五八年）

八月二三日に勃発したノッティンガムの人種暴動は、イギリスのメディアが大々的に報道するところとなり、ロンドンのノース・ケンジントンに住む黒人の貧困層にも重大な影響を及ぼした。この地区では、それより数ヶ月も前から、白人の右翼組織やそのシンパによる有色移民いじめが繰り返されていた。ノッティンガム騒乱のニュースは、こうした白人の動きに弾みをつけるかっこうとなり、ニュースが伝わって一時間も経たないうちに、ナイフや鉄パイプなどで身を固めたテディーボーイの群れが、ロンドンのノッティング・ヒル地区で黒人狩りを始めたのである。このとき、少なくとも五人の黒人が撲殺され、道端に放置されたという（富岡、前記書）。

この人種暴動が始まったきっかけについてはいくつかの説があるが、ここでは、E・ピルキントン著『母国を越えて』（*Beyond the mother country*, 1988）により、暴動の発端と拡大、および収束の状況を見るとしよう。

「それは、西インド諸島人の夫レイモンドと暮らしている若いスウェーデン人女性マジュブリット・モリソンとともに始まった。その日、彼女が通りを歩いていると、一〇代の若者が、この女性を指差してこう叫んだ。『ほら、みろよ。黒人の女になったあばずれがもう一人いるぞ』。すると群集は、突然『白人のくず女め』、『黒んぼ好きめが』、『あの女を捕まえて、やっちまえ』、などと叫びながら、彼女のほうへ向かってきた。（暴徒に取り囲まれた）彼女は、鉄の棒で殴られて、地面に倒れた。

ついで群集は、近くで開かれていた黒人のパーティー会場に向かって歩き出した。すでにこのとき、会場には、飲んで陽気に騒いでいる黒人があふれており、ロンドンで最初のディスク・ジョッキー、C・サックルが音楽を流していた。キング・ディックの記憶によれば、『オリエントの舞踏会』と呼ばれるカリプソのレコードがかかっていたが、突然、まるで蜂の大群のようながやがやという騒音が聞こえたという。（驚いた彼が）外に出てみると、群集が自分の方に押し寄せてくるのがわかった。彼は数百人もの群集が近づいてくるのを見たとき、すっかり度肝を抜かれてしまった。するると突然、レンガや鉄の棒が家の中に投げ込まれ、窓ガラスを粉々に砕いた。そして、白人の暴徒たちは、口々に『黒んぼをやっちまえ』、『イギリスは白人の国だ』などと繰り返し叫んだ」

その後、数日間は、事態が悪化する一方だった。数百人もの武装した若者たちがこの地区を歩き回り、口々に黒人の排斥を叫んだのである。有色移民の家々には、繰り返し火炎瓶が投げつけられた。こうした人種暴動は、ロンドン周辺のブリックストンやハックニーなどにも波及し、騒乱は二週間近く続いた。

これら一連の人種暴動は、イギリス社会に大きな衝撃を与え、それ以後、政府による有色移民の規制が強化されると同時に、黒人たちは、自己防衛の立場からより強い団結を訴え始めたのである。特に六〇年代後半に入ると、白人からの人種的暴力や一部の警官による不当な取り締まりが増えたため、これに対する黒人の結束はなお一層強まることとなった。具体的に言えば、六八年にブリックストンの若い黒人たちが、ブラック・パンサー運動を開始したのである（富岡、前記書）。

ブラック・パンサーとは、六六年にアメリカのカリフォルニアで結成された急進的な黒人開放運動組織「黒豹党」のことであるが（ランダム・ハウス〔第二版〕）、ブリックストンでは多くの黒人たちが、白人からの人種的暴力や嫌がらせに対抗する手段として、この組織に訴えたと言われている。

さて、前述したように、一九五八年にノッティンガムやロンドンのノッティング・ヒル、およびブリックストンなどで発生したアフロ・カリブ人による人種暴動は、経済不況下における仕事の奪い合いの中で、白人による黒人への執拗な人種的暴力と嫌がらせが主な原因だった。この苦い経験を踏まえて、労働党政府がかねてからたびたび議会に提出していた反人種差別法案が、一九六五年に成立する運びとなった。

しかし、その後においても依然として人種暴動は発生している。以下では、B・D・ジェイコブズ著『英国における黒人政策と都市の危機』(*Black Politics and Urban Crisis in Britain*, 1986)、およびイギリスの新聞報道により、一九八〇年以降の主要な人種暴動の実態を明らかにしたい。

(三) ブリックストンの人種暴動(一九八一年)

ロンドン南部ランベス自治区のブリックストンは、西インド諸島の一つジャマイカ島からの黒人移民街である。この移民街では、それまでにもしばしば人種絡みの小競り合いが発生していたが、一九八一年四月に大規模かつ熾烈な人種暴動が発生した。ここでは、その経過を追うことにしよう。

この人種暴動は、警察に対する黒人たちの鬱屈した怒りが爆発したものであった。騒ぎは黒人による略奪、放火、暴力といった形で四日間にわたり続いたが、この暴動は南ロンドンとイギリスの歴史において一つの分岐点となった点で重要な意味を持っている。すなわち、この暴動についての報告書「スカーマン・レポート」を発表したスカーマン卿が、イギリスにおける警察の捜査方法を基本から変える必要があると勧告したのである。

なお、検証に当たって用いた資料は、「サウス・ロンドン・プレス」紙(二〇〇一年四月六日付)に掲載されたファーガス・ヒューイソン記者の特別報告記事「われわれは、二〇年経って、何を学んだのか」である。

同紙の記事により、事件の詳細な経過を追うと、概ね以下のとおりとなる。

一九八一年四月一〇日夕刻、肩の傷口から血を流し、一団の男たちに追われていた黒人の若者をパトロール中の巡査が呼び止めたが、彼はそれを振り切ってその場から逃げ去った。巡査と彼の同僚が若者に追いついた時点で、彼らは、三人ほどの男たち（黒人）に取り囲まれて追い返された。三人が「あいつに手を出すな」と叫び始めると、その若者は再び近くの通りへ逃げ去った。通りの住民たちが若者を病院へ運ぶためにタクシーを呼んだが、警察は彼を乗せたタクシーを呼び止めた。彼の重いけがを心配した警察は直ちに救急車を呼んだのだが、その場に集まってきた四〇人あまりの群集は、警察が救急車を呼ばずにその若者を逮捕しようとしていると勘違いし、タクシーを取り囲んだ。群集は、若者をタクシーから引きずり出すと、彼をアトランティック・ロードまで運び、別の車に乗せて病院へ連れて行った。

一方、警察は、タクシーを取り囲んだ群衆を追跡した。レイルトン・ロードの近くまで来ると、突然、瓶やレンガが警官に向かって投げつけられ、それから四日間におよぶ略奪、放火、暴力行為が始まった。

こうした状況の中、一人が逮捕されたことが引き金となって、騒ぎは一段と拡大した。世上とかく批判の多い特別機動隊を含む数千人の警官が、この氾濫を鎮圧するために動員された。また、イギリス本土で、はじめて警官に向かって火炎瓶が投げつけられた。

この騒ぎが終わってみると、ブリックストンの街の中心部は、広範にわたり廃墟と化していた。公式の発表によれば、（この人種暴動でけがをした人々の多くはそのことを届け出なかったが）三〇〇人近くが逮捕され、四〇〇人以上の警官と五〇〇人以上の一般市民が負傷したことがわかった。

さて、この人種暴動の激しさと規模の大きさに衝撃を受けたイギリス政府は、騒ぎが治まるや否や直ちに委員会を設置し、何が起こったのか、そしてこの事件から何を学ぶことができるかについての調査を開始した。そして、その調査結果は、「スカーマン・レポート」として公刊された。この詳細にわたる報告書の中で、スカーマン卿は、事件を総括して、次のように述べている（*THE SCARMAN REPORT, 1981*）。

「黒人の若者たちが警官に対して抱いている敵愾心の原因は、ランベス自治区の人々のすべてではないにしても、かなり多くの人々が警察に対する信頼を失ったことにあった。このように信頼が失墜した理由としては、一九七九年に『警察官連絡委員会』が崩壊したことにある。すなわち、これを具体的に言えば、多くの人々を怒らせ、不安にさせるような厳しい取り締まりや警察の出動作戦について、しばしば協議が足りなかったこと、さらに警察への不満を調査する手順に対して不信感があったことなどであった」

このように、スカーマン卿は、警察がランベスの一般市民（主に黒人）の信頼を失ったのは、警察の側にも責任の一端があることを率直に認めたのである。しかし、次に挙げる声明から明らかなように、彼は「ロンドン警視庁は、捜査や取り締りに当たって、黒人を組織ぐるみで差別している」という黒人たちからの批判については、きっぱりと否定している。

「私は、ロンドン警視庁の上層部が下す指揮には、誠意と公正さがないという批判をはっきりと否定します。世間からの批判は、他の点、すなわち現場にいた警官の判断の誤り、想像力と柔軟性の不足にあるのであって、上層部の意図的な偏向とか偏見にあるのではありません。警官は人種差別的な政策を行っている国家の強圧的な戦闘部隊であると主張する人々は、警察が守らなければならない憲法の規定を知らないだけでなく、ロンドン警視庁の幹部を公正に評価していないことになります」

残念ながら、スカーマン卿のこうした発言にもかかわらず、次の章で検証するように、有色移民、特に西インド諸島人、アフリカ系黒人、パキスタン人などに対する警察による組織的人種差別（Institutional Racism）だと疑われる事例が、数多く指摘されている。

なお、一九九一年七月、「インディペンデント」紙に掲載された世論調査によれば、アフロ・カリブ系黒人の七五％が、「有色移民は、警官によって白人よりも悪い扱いを受けている」と回答している。これには差別される側の主観的な感情が入っているから、この回答を一〇〇％鵜呑みにすることはできないだろう。しかし、少なくとも、紛争当時、現場にいた警官の中に、人種的偏見を持つ者がいたのではないかという疑念はぬぐいきれない。

㈣　ハンズワスの人種暴動（一九八五年）

ここでは、この暴動の発端と拡大、さらに収束の状況をＢ・Ｄ・ジェイコブズの『イギリスにおける黒人政策と都市の危機』(*Black Politics and Urban Crisis in Britain*, 1986) により検証する。

九月八日の日曜日に、アフリカ系カリブ人の謝肉祭が無事に行われた。だがその翌日、結果的に暴動にまで発展することになった二つの事件が起こった。先ず、午前一一時半に、アジア人の商店主が西インド諸島人に腕を刺された。そして、午後五時半ごろ、ロゼルズ通りの端にあるヴィラ・クロス・パブの近くで、警官が盗難車を運転している疑いのある西インド諸島人を逮捕しようとしたところ、仲間の若者たちが、その警官に殴りかかって、容疑者を逃がそうとした。警察の応援隊が到着したが、黒人の若者たちから激しい罵声を浴び、暴力を振るわれた。

そして、警察の報告によれば、それから三時間後にまた別の騒ぎが起こった。午後八時ごろ、消防隊がヴィラ・クロス・パブの向かい側にある古いビンゴ場の火事現場に到着したとき、突然、黒人の若者たちが、消防士目がけて石を投げつけ、騒ぎが始まった。それから数分後には、最初の火炎瓶が投げられ、およそ四〇〇人の若者が現場に集まったとき、消防士たちは撤退せざるをえなくなった。間もなく、ヘルメットと盾で身を固めた増援隊が、その地域に投入された。

強力な警察隊の出動で、群集は少数民族の商店や会社が多いショッピング街に向かってロゼルズ通りを後退したが、彼らが後退しながら火炎瓶を投げたり略奪したりした結果、商店や会社の建物が破壊された。また、暴徒と化した群集は、警官がゆっくりと前進してくる間にバリケードを築いたり車を横転させたりして、ついにはロゼルズ地区全体を封鎖してしまった。しかし、警官隊は、午後一〇時頃までには騒ぎを鎮圧するためにバリケードを乗り越えていた。

(五)　ブリックストンの人種暴動（一九八五年）

次に、一九八五年九月二九日付「オブザーバー」紙により、南ロンドンのブリックストンで発生した大規模な人種暴動の発端と拡大、および収束の状況について検証する。

同紙は、その第一面で「警官による女性への発砲が熾烈な暴力と略奪の引き金となる」、「暴徒がブリックストンに火を放つ」、「恐怖の夜をもたらした発火点」という三本見出しを立てて、この事件を大々的に報道した。また、同紙は、数台の炎々と燃え盛る車の写真を掲載して、騒動のすさまじさを強調している。さっそく、ニック・デイビス記者等の記事により、人種暴動の発端と推移を追うとしよう。ちなみにこの記事は、筆者が同市の公立図書館で収集したものである。

ブリックストンの騒動は、警官と黒人女性チェリー・グロース夫人が関わる九月二九日土曜日の事件がきっかけとなって始まった。グロース夫人は、武装警官が彼女の息子を武器不法所持との関連で捜査中に、自宅で撃たれた。彼女が撃たれたのは午前七時だったが、それから間もなくして、彼女が背中を負傷し重症だという噂が広まった。警察は、直ちにそれが間違いによる発砲だったと発表し、早い段階で謝罪を表明した。

午前中に、ブリックストンのノーマンディー・ロードにあるグロース夫人宅の前に五〇人あまりの黒人が集まり、思いつく限りの言葉を使って警官を罵倒しながら警察の建物に攻め寄ろうとしたが、成功しなかった。その後、緊張が高まるにつれ、警察の暴挙に抗議する人々はブリックストン署の前に集結し、群集のムードは一触即発の状態となった。午後六時までに五〇〇～六〇〇人（そのほとんどは、仮面を被っていた）が、警察署の外に集まっていた。突如、建物を目がけて火炎瓶が投げ込まれ、そのいくつかは標的とされた警察署の二階の床に落ちた。

間もなく、何台かの消防車が現場にやってきたが、ますます多くの火炎瓶や石が投げつけられた。そのとき、警察署の中から防護服に身を固めた警察隊が現れ、群集を四散させた。白人と黒人の双方からなる群集は、退却しながら車を横転させたり、周囲の建物に火を放ったりした。こうして騒ぎは拡大し、ブリックストン全域と南ロンドンのその他の地域をも巻き込む騒ぎに発展した。この人種暴動は、一晩中続き日曜日の早朝になってやっと鎮圧された。

(六) トトゥナムの人種暴動（一九八五年）

次は、トトゥナムの人種暴動である。B・D・ジェイコブズの前記書により、暴動の発端、拡大、および収束の過程を追うと、以下のとおりである。

黒人女性シンシア・ジャレット夫人は、警官が彼女の自宅を捜査している最中に倒れて急死した。この出来事が起こった後、一〇月六日から七日の夜にかけて騒ぎが始まった。

まず、一〇月六日に、ジャレット夫人の親戚の者たちが、トトゥナム警察署へ向かう行進の先頭に立った。そして、地域の指導者たちが、圧倒的に黒人の多いブロードウォーター・ファーム公営住宅に集まった群集に演説を行った後、本格的な暴動が始まった。

午後七時ごろ、群集が公営住宅の近くのウィラン・ロードで火炎瓶を投げ始め、騒ぎはたちまち付近の通りに広がった。警察は、その地域を封鎖したが、この措置によって暴動の拡大を食い止めることはできなかった。そこで、警官が数を増強してその地域に移動すると、暴徒は車や建物に火を付けるという手段に訴え、結集した警官隊に集中攻撃を開始した。ブロードウォーター・ファーム住宅団地は、徐々に、暴徒にとって基地の性格を帯びてきた。頭上の傾斜路や通路の多くが、警官の頭上にいろいろな物を雨あられと浴びせかけるのに持って来いの場所だったからである。

警官に対する攻撃の激しさは、火炎瓶やレンガやコンクリート・ブロックが彼らの盾やヘルメットの上に降り注ぐにつれて、非常にはっきりとしてきた。その上、散弾銃やリボルバーの銃声も、激しい騒音に混じって聞こえてきた。警官が一人、ナイフで刺されて死亡した。暴動の現場にいた警官たちはその場の状況に応じて、プラスチックの銃弾と催涙弾を使う用意があったが、実際このような戦術を取る決定は下されなかった。というのは、防護服に身を固め、盾と警棒で応戦するというもっと伝統的な方法で、住宅団地に攻め入ることができたからである。

㈦ ブリックストンの人種暴動（一九九五年）

すでに述べたように、ジャマイカからの黒人移民が多く住み着いた南ロンドンのブリックストンでは、一九八一年と八五年に、相次いで大規模な人種暴動が発生した。その主たる原因は、当地の黒人、特に若者たちの高い失業率と貧困、さらには彼らから強い反発と不信感を招いた警察による厳しい取締りであった。そして、その後九〇年代に入っても、ここでは大規模な騒動が二回発生している。筆者が当地の公立図書館で収集した報道記事により、一九九五年の人種暴動について、その実態を検証したい。

先ず、一九九五年一二月一六日付「デイリー・テレグラフ」紙に掲載されたマイケル・スミス記者の報道記事「ブリックストンで一〇代の若者二人が散弾銃で撃たれる」をもとに、事件の推移を追うとしよう。

幸いにも軽傷だった二人の若者は病院で手当てを受けたのち自由の身となったが、ロンドン警視庁によれば、未確認情報も含めその日は、終夜にわたっていたるところで銃声が聞かれた。警察の発表によれば、前夜、騒ぎが起こった地区から自分の車を動かそうとして激しく殴られた五五歳の男性の容態は、重篤ではあるが一応安定していた。また、男性二一人と女性一人が盗み、押し込み強盗、器物損壊、および騒乱罪で逮捕された。ここでも人種暴動の常として、負傷者は、暴徒や警官ばかりでなく、一般住民の中からも出ている。また、建物や車、その他の財産に対する住民の被害は甚大であった。

なお、スミス記者は、暴動のきっかけと再発の可能性について、次のような当事者の証言を紹介している。

◇「暴動の直接のきっかけは、ウェイン・ダグラスが警察の拘留中に死亡したことであるが、昨夜、彼の兄弟は騒ぎがもっと大きくなるだろうと語った。南ロンドン、バタシーのアルバート・ダグラス（三八歳）は、『私は、騒ぎが今日か明日にも起こると言っているのではありません。しかし、私の兄弟が拘留中に死亡したことについて警察から何らかの説明がないかぎり、黒人たちの怒りはまた爆発すると思います』と言っている」

この記事から、暴動の直接のきっかけは、黒人青年ウェイン・ダグラスが警察の拘留中に死亡したこと、また警察が彼の死亡原因について何らかの説明をしないかぎり、暴動の再発がありうる状況だったことがわかる。

ブリックストンのバス停風景

また、同記者は、その前夜に、大勢の警官がブリックストンの通りをパトロールしながら、「この地区で起こった暴動—その真相」という見出しのパンフレットを配布したとも報じている。

さて、ウェイン・ダグラスの死亡原因は、何だったのだろうか。このことについて、「タイムズ」紙（一九九六年九月七日付）は、スティーヴン・ファレル記者の記事「拘留中の被疑者の死は、事故であった」を掲載している。

この記事によれば、ウェイン・ダグラスが警察の拘留中に死亡したことが、ブリックストンにおける人種暴動の発火点となったのだが、裁判の結果、陪審は、家宅侵入の被疑者である黒人の若者ウェインの死は偶発的なものであったという評決を下した。しかし、この評決に対して、ウェイン・ダグラスの家族と親族は、強い不満を表明した。すなわち、ウェインの死は単なる偶発的なものではなく、取調べに当たった警察による窒息死だったというのである。このことについて、ファレル記者は、次のように報じている。

「ウェイン・ダグラス（二五歳）の家族は、陪審団の委員長が八対一という圧倒的多数の評決を下したとき、サザク刑事裁判所から大声でわめきちらしながら出てきた。親族の主張によれば、当時失業中だった元郵便配達人ウェイン・ダグラスは、警察によって窒息死させられたとのことだった。すなわち、彼らは、警察が昨年一二月に彼を逮捕したのち、後ろ手に手錠をかけたまま彼をうつぶせに倒したのだと語った」

しかし、警察の主張は、これとはまったく違っていた。すなわち、ウェインは、その夜発生した住居侵入事件の犯人と容姿が一致していたため警察が彼を呼び止めて職務質問すると、二本のナイフを振りかざして何度も彼らに向かってきたというのである。このとき逮捕の状況を目撃した人は、警察が被疑者を警棒で繰り返し殴打したと証言したが、死後の検視の結果、外傷は見られなかった。結局、陪審団は、この事件を四時間二〇分にわたって議論したのち、彼はたまたま強いストレスと疲労と無理な姿勢で押さえ込まれたことからくる無酸素症により死亡したのであって、警察の暴力が原因で死亡したのではないと結論づけた。

なお、後ろ手に手錠をかけて被疑者をうつぶせに押さえ込むという警察の手荒いやり方は、無酸素症を誘発する危険性が高いという理由で、検視官のモンタギュー・レヴィン卿は、警官を再教育するためにもっと時間を割くべきだと提案した。

(八)　ブラッドフォードの人種暴動（二〇〇一年）

イングランド北部に位置するイスラム系移民の都市ブラッドフォードでは、二〇〇一年七月七日、移民排斥を公言してはばからない右翼組織ナショナル・フロント（国民戦線）およびそのシンパと、その多くが失業中のパキスタン系移民二世、三世との間で、一〇時間あまりにおよぶ大規模かつ残忍な人種暴動が発生した。これは、遠くは一九五八年にノッティンガムやロンドンのブリックストン、ノッティング・ヒルなどで発生したアフロ・カリブ系黒人による人種暴動、また近くは一九八一年と八五年にロンドン、バーミンガム、リバプールなどで発生した険悪な人種暴動以来の憂慮すべき事態であった。

ここでは、現地調査で入手した資料（二〇〇一年七月八日付「オブザーバー」紙、七月九日付「タイムズ」紙と「ミラー」紙、七月一六日付「レスター・マーキュリー」紙）により、この騒乱の生々しい全体像をみるとしよう。

これらの記事によれば、多くの人々は、開催されるのではないかと懸念されていたナショナル・フロントの集会に抗議する反ナチ・リーグのデモに参加するため、主に、若いアジア人五〇〇人が同市のセンテナリー・スクウェアーに集まる土曜の午後に、騒ぎが起こるだろうと予測していた。そして、いざ暴動が起こってみると、警察はその激しさに仰天した。

西ヨークシャーの警察は前もって、騒ぎを起こしそうな若者たちに市街には近づかないようにと警告していたのだが、さらに五〇〇人の警官を動員して保安作戦を展開していた。警官たちは少数のナショナル・フロントのシンパが市の中心部に向かうのを阻止したのだが、極右組織のメンバーたちはすでに中心部から離れていた。

しかし、アイヴゲイトのパブで一杯やっていた白人男性のグループがアジア人の若者たちと対峙して彼らに人種的な罵詈雑言を浴びせたとき、騒ぎは一気に始まった。これに防護服に身を固めた一〇〇〇人近い警官も加わって、五〇〇人から七〇〇人におよぶアジア人の若者とかなりの数の白人（若者）が入り乱れての一〇時間にもおよぶ市街戦に発展した。数百人にのぼるアジア人の若者たちは、集会が終わったときにセンテナリー・スクウェアーから立ち去ることを拒み、市の中心街に押しかけ、ショーウィンドーに石ころや道路標識などを投げつけたり、警官を目がけてレンガを投げたりした。

ブラッドフォードのタヒール・フセイン（二八歳）は、タイムズ紙の記者にこう語っている。

◇「何人かの白人の若者が、俺たちのことを『パキズ！（くそったれのパキスタン人野郎め！）』と罵ったとき、すべてが始まったんだ。そして、その場所から、騒ぎが始まったのさ」

ここで「パキ」という表現について一言触れておこう。この言葉はパキスタン人いじめのれっきとした人種差別用語だと思うのだが、イギリス人の中には、「パキ」はしばしば「ジャップ」がジャパニーズの短縮形として用いられるように、単にパキスタ一ニを短く言ったものに過ぎないと弁明する者もいる。ちなみに、イギリスの高等裁判所は、二〇〇三年六月に「パキ」という言葉が、サッカー球場で相手をなじるために使われた場合は、差別用語であるという判決を下している（*Quardian Weekly*, 2003）。当然、この判決には、「サッカー球場以外では、差別用語ではないのか」と反論したくもなる。

さて、本題に戻ろう。このとき買い物客の中には幼い子供たちを連れた母親もいたが、彼女たちは逃げ惑ったり隠れたりしなければならなかった。店員たちは、石やレンガなどが雨あられと降り注ぐ中で、カークゲイト・センターに閉じ込められた。そして、その間、騎馬警察は必死になって群集を分散させようとしていた。

店員のサマンサ・ジョーンズ（一八歳）は、タイムズ紙の同記者にこう語っている。

◇「騒ぎは、突然起こりました。まるで戦場のようでした。本当に怖かったです」

アジア人の若者たちは、街の中心に近いソーントン・ロード付近で二人の白人男性を襲い、ナイフで刺した。一人はブラッドフォード王立病院で手当てを受けたが、もう一人は治療を断った。その間に、被害者は、白人の人種差別主義者から暴行を受けたアジア人だったという噂が群集に広まった。その噂と、警官が群集を（中心街から離れ、アジア人の居住地区に戻るように）誘導しようとしたことが火に油を注ぐ格好となり、辺りが暗くなるにつれて騒ぎはいっそう拡大した。

その夜、西ヨークシャー警察は、近くの警察署から四五〇人の増援隊を召集した。そして、警察が暴徒をホワイト・アビー・ロード沿いの小高い丘に追い上げようとしたとき、最悪の暴力行為が発生した。警官は、それぞれ三〇人強からなる六つの隊列を組んで、アジア人の若者二〇〇人あまりと対峙した。暴徒の中核集団は、おおよそ二時間にわたって、火炎瓶、レンガ、石ころ、瓶、道路標識、大ハンマー、消火器などを投げつけ、警官を土壇場に追いつめた。

暴徒たちはまた、爆竹を投げつけたり、横転し燃えている車でバリケードを築いたり、建物に火を放ったりした。特別機動隊は、レンガや火炎瓶を投げつけられても、一歩も後退しなかった。女性一人を含む五、六人の警官が、投げつけられた物に当たってけがをし、現場から助け出された。アジア人の地区リーダーたちが互いに言い争っている場面が見られたが、彼らは明らかに、暴力行為をやめさせる方法について意見が割れているようだった。

真夜中が近づくにつれて、双方とも打つ手がなくなったようにみえたが、そのとき、アジア人の若者の一団がカーライル・ストリートとオーク・レーンに分散した。彼らが後退した後の通りには、多くの残骸物が散乱していた。暴徒は、ヒートン・ロードのアーサーズ・バーとトラー・レーンのジ・アッパー・グローブに移動して火を放つ前に、店主や客から見捨てられたパブにも放火した。

白人客の多いアーサー・バーの女主人ゲイ・ミジリ（四九歳）は、記者の質問に対して、次のように答えている。

◇「閉店時間の間際に、二〇人ほどの常連客が最後の一杯を飲んでいましたが、そのとき突然、窓から石やレンガなどが投げ込まれました。暴徒たちは、私が非常口からなんとか逃げ出す直前に、

『出て来い。お前たちに火をつけてやるぞ』と叫んだのです」
また、一人の警官は、次のように語った。
◇「いちばん激しい暴動は、マニンガム・ウォード労働党クラブで起こりました。暴徒が燃え盛る車で非常口をふさぎ、常連客が室内に閉じ込められたのです。消防士は、彼らが逃げられるようにと、障害物を取り除きました。また、ガーリントン保守党クラブとガーリントン・ホテルには、火炎瓶が投げつけられました。キースリ・ロードの三菱自動車修理工場も、放火されました。さらに若者たちは、オーク・レーンのリスター・パークBMW代理店も標的にしました。近所の住民たちは、数百人の暴徒が五、六台の高級車に火をつける前に、面白がって乗り回す様子を目撃したと言っています。昨日の朝になっても、消防士たちは、二〇台あまりの燃え尽きて白くなったBMWの残り火に放水していました」
暴徒たちは、意図的に白人の会社を狙い撃ちしたようである。したがって、アジア人の店は、大部分が火災を免れた。ちなみに、ホワイト・アビー・ロードにある何軒かのアジア人のレストランは、ほとんど被害を受けなかった。

ブラッドフォード王立病院のスポークスマンによれば、八二人がけがをして治療を受けたが、その中の六三人は警官だった。三人以外は、みんな元気で帰宅を許された。入院した三人の警官の中の一人はくるぶしの骨折、二人目は軽い熱射病、三人目はくるぶしのけがと指の骨折で治療を受けていた。

警察の話では、二三人が拘留され、その中の四人はＢＭＷの代理店に火炎瓶を投げつけた容疑で逮捕された。

七月九日（月曜日）付の「ミラー」紙は、この憂慮すべき人種暴動に関するデイヴィッド・ブランケット内務大臣のあらわな怒りと驚きを、次のように報じている。

「通りに散らばる（暴動がもたらした）残骸の撤去作業が大々的に行われている中で、ブランケット内相は、この「不当な破壊行為」を厳しく非難し、こう語った。

『今度の騒ぎは、まったく愚かな暴力行為です。外部からどんな挑発があっても、自分たちのコミュニティーに被害を与えたのは、明らかに彼ら地域住民自身だと言わざるを得ません。彼らは、(自分たちが置かれた）なにか不利な状況を改善しようというよりは、まったく反社会的かつ残忍なやり方で行動したのです』

ブランケット氏は、一連の暴動がアジア人に対する人種差別的な警官の姿勢と関連しているという指摘は間違っているという主旨の発言をし、次のように語った。

『コミュニティーの破壊は、制度化された人種差別主義とは、何ら関係がないと考えています。人々は、まったく無益なやり方で、暴力と破壊行為に訴えようとしているのです』

後に内務大臣は、警察はこのような暴動に対処するため、さらに増強されなければならないと示唆した」

さらに、同紙は、一連の暴動に際し地域社会や市議会の指導者たちがとった行動や発言について、次のように報じている。

「コミュニティーのリーダーたちは、人々が通りから離れて冷静を保ち、これ以上の暴力を振るわないようにと訴えた。また、市議会のリーダー、マーガレット・イートンは、『コミュニティーの中の意思疎通を円滑にするためには、やるべきことがたくさんあるでしょう』と率直な感想を述べた」

ところで、七月七日から三日間、ブラッドフォードで発生した人種暴動は、単独の事件ではなかった。これに先駆けて何ヶ月も前から、同市で人種に関わる騒ぎが起こっているし、オルダム、リーズ、バーンリなどの周辺都市においても、かなりの規模の人種騒動が発生していたのである。それらを「オブザーバー」紙（七月八日付）と「ミラー」紙（七月九日付）の記事により、時系列で挙げれば、以下のとおりとなる。

四月一四日・一五日（ブラッドフォード）　ヒンズー教徒の結婚式が終わった後、白人とアジア人の若者が騒動を起こし、商店やパブに火炎瓶を投げつけた。この騒ぎで、三五人が逮捕された。

四月二一日（オルダム）　伝えられるところによると、D-Day（筆者注—第二次大戦で、英米連合軍が北フランス侵攻作戦を開始した日）の退役軍人ウォルター・チェンバレンが、人種絡みの暴行を受け負傷した。

四月二六日・二七日（オルダム）　ストウク・シティー・チームのファンが突然暴れだし、白人とアジア人の争いに発展した。

五月五日（オルダム）　ナショナル・フロントが禁止区域を行進し、二人が刺された。

五月一二日（オルダム）　ナショナル・フロントの行進が、ストロー内相により禁止された。

五月二六日〜二八日（オルダム）　数件のアジア人の家が襲われた後、人種暴動が発生した。この騒ぎは三日間続き、五〇人が逮捕された。警官は五〇〇人のアジア人と渡り合い、多くが負傷した。

六月五日（リーズ）　近所の男性が警官に催涙ガスをかけられたと訴えた後、一〇〇人あまりのアジア人が騒動を起こした。

六月六日（リーズ）　ヘアヒルズ地区で、アジア人と白人と黒人の若者が衝突した。

六月一六日（オルダム）　ナショナル・フロントの行進に参加した若者と、これに抗議する反ナチ・リーグの若者が衝突した。

六月二二日・二三日（バーンリ）　音楽の音量をめぐる口論から暴力沙汰となり、アジア人のタクシー運転手が数名の白人男性にハンマーで襲われた。その後、パブや商店に火炎瓶が投げつけられた。

六月二五日（バーンリ）　ＣＲＥ（人種平等委員会）のコミッショナー、シャヒド・マリク氏が、警官に暴行を受けた。現場の周辺からは火炎瓶が発見され、二二人が逮捕された。

六月三〇日（バーンリ）　車が襲われ、アジア人の食料雑貨商に火炎瓶が投げつけられた。

六月三〇日（アクリントン）　家の中にいた一人のアジア人に、火炎瓶が投げつけられた。

七月七日（ブラッドフォード）　市の中心部で、ナショナル・フロントが行進をした後、アジア人と警官との間で五時間にわたる乱闘があった。

七月八日（ブラッドフォード）　全域で散発的な騒動が発生した。

七月九日（ブラッドフォード）　二〇〇人が、主として白人の居住区で騒ぎを起こした。アジア人のレストランと自動車修理工場が襲われた。


なお、七月七日の人種暴動から八日後の「ニューズ・オブ・ザ・ワールド」紙には、この暴動に参加した二人のアジア人青年の激白が掲載されている。取材に当たった同紙のM・マームード記者は、自分が報道関係者であることを二人に告げなかったので、彼らは記者が自分たちの仲間だと勘違いして本音を吐露している。このときの状況とアジア人の若者とのやり取りは、以下のとおりである。

「マジッドは、まだ一〇代の若者に過ぎないが、心の奥底には、長年にわたる憎しみが煮えたぎっているようだ。彼も仲間のアムジッドも、ブラッドフォードを再び火の海と化し、いまだに瓦礫が散乱している街の通りという通りをぶち壊してやると息巻いている。アムジッドには、微塵も迷いがない。彼は、（白人に対して）こう警告した。

『問題はまだ終わっていないんだ。俺たちが、しっかりと片を付けてやるからな。俺たちは白人なんか怖くないのさ。今度こそ、しっかりと示しを付けてやるから、見ていてくれよ』

ここで、マジッドが横合いから口を挟んだ。

『俺たちは、奴らにたっぷりと落とし前をつけてやるんだ。奴らは、あの日、俺たちのテイクアウェイ（筆者注─持ち帰り料理店）を壊し始めたんだ。だから、何とかして仕返ししなくちゃね』

先週末、この二人は、数百人の若い暴徒たちと暴れ回り、火炎瓶を投げつけたり、車に放火したり、建物を破壊したりした。われわれ記者は、今オーク・レーンのリスター・パークBMW展示場から五〇ヤードのところにいる。ここの修理工場は、暴徒たちのターゲットになった所だ。彼らは、建物に火が付けられ一〇台以上の車が燃やされる前に、略奪した車に火を放ってバリケードを築いた。二人は、ポテトチップスやサンドウィッチをほおばりながら、一二〇人もの警官が負傷した先週土曜の人種暴動について語った。

マジッドは言う。

『けがをしたのは、警官が悪いのさ。彼らはわざわざここへやってきて、ＢＮＰ（英国国民党）の掲示を立てたんだからね。ナショナル・フロントの行進を止めなかったのは、警察の責任だよ』

アムジッドは、一七歳だと言っているが、見た目はそれより若い。その彼がこう口を挟んだ。

『あんただって、この街の若者で、白人の奴らが勝手なことをするのを見れば、きっとやり返すと思うよ』

二人の相棒は、先日の騒ぎの真っ只中で、四〇〇人の若い暴徒に加担したことを認めている。マジッドは、『俺たちは、サツには捕まらないよ。だってマスクで顔を隠していたからね』と胸を張った。

さらに二人は、『今度、騒ぎが起こったら、俺たちの仲間になってくれよ』と、われわれ覆面の取材記者を誘った。すでにその詳細については、警察に報告済みである。

次いで、アムジッドはこう付け加えた。

『すぐにまた騒ぎが起こるから、見ててくれ。俺たちは知ってるんだ。今度はもっと大勢の若い奴らが集まるだろうよ。あんたたちも、仲間を大勢連れてきてくれ。それに俺たちは、どいつが「国民戦線」に入っているかもわかってるんだ』

この怒れる若者たちは、ブラッドフォードの典型的なアジア人三世である。彼らは、自分たちが感じている欲求不満を吐き出すために徒党を組んでいるのだ。

なお、この地区の著名人であるアブダル・アラム氏は、こうした若者について次のように説明している。

『彼らには、ＢＮＰのような組織はありません。彼らは、ただ大勢の怒れる若者たちに過ぎず、これまで警察に失望感を味合わされ、コミュニティーの指導者の傘下には入っていないのです。あの若者たちは、人種差別主義者の脅しには屈しないと考えていて、われわれの親たちのように人種差別をじっと我慢するつもりなど毛頭ないのです。彼らは、挑発されればやり返すでしょう。先週の事件の背後には、山ほどの歴史があります。それは、これからも続くでしょう』

アラン氏は、アジア人の若者の間に警察に対する強い敵意があることを認めて、こう言っている。『この都市にはアジア人の大きな犯罪組織がありますが、彼らは野放しの状態です。それは、警察の責任だと思います。また一方では、（白人の若者による）人種絡みの事件が発生していますが、地域の人々は、警察がまじめに取り合ってくれないと感じています。だから（アジア人の）若者たちは、問題を自分で解決しなければと思っているのです。と言うのは、市の警察が当然やるべきことをやってくれないからです』

結果として、マジッドやアムジッドのような若者は、ブラッドフォードでなんら益のない破壊的な戦いに加担しているのだ。この都市には、人々の希望がもえたぎっているというのに」

冒頭、記者は取材したアジア人少年が「長年にわたる憎しみに燃えているようだ」と言っているが、その憎しみは、前述したように就職、昇進、住宅供給、教育などの面で、自分たちを差別し貧困に追い込んでいる白人社会、および人種的嫌がらせや暴力を行う右翼系の人種差別主義者に対するものと考えられる。なお、ブラッドフォードの人種暴動に関連して、レスター大学スカーマン・センターのM・ロウ博士は、「レスター・マーキュリー」（*The Leicester Mercury* 16 July, 2001）の記者に、こう語っている。

◇「警察と政治家は、英国国民党とナショナル・フロントが、ブラッドフォードで人種差別的な感情を掻き立てることや、アジア人地区の過激な指導者たちが、彼らに対して暴力で対抗するように若者を扇動することを直ちに非難しました。

しかし、現実はもっと複雑です。劣悪な居住環境、少ない就職の機会や公的サービス、爆発寸前の人種的緊張といった積年の問題が、騒動の背景となっています。そうした状況のところへナショナル・フロントがやってきてアジア人の若者を襲ったために、突如として騒ぎが始まったのです。

しかし、いったん暴動が起きてしまうと、ブラッドフォードの場合もよくみられる経過をたどりました。すなわち、人々は街で起こったことを噂で聞きつけ、直ちに反応したのです。携帯電話によって、その噂はさらに広まりました。群集が集まるのに、時間はかかりませんでした。人々は、たちまち騒ぎに巻き込まれたのです。

ブラッドフォードで、警察は、群集を街の中心部から彼らの居住区の方へ押し戻しました。人々が自分の家の戸口で騒ぎを起こすのは、奇妙に思えるかもしれませんが、それもまたよくあることなのです。

群集が、ショッピング街やパブのような人々の出入りが多い場所以外のところに集まるのは自然なことです。それは、『だれが通りを支配するか』の戦闘となります。ブラッドフォードの暴徒たちが、まったく無統制だったという考えもまた間違っていました。群衆の行動を分析すると、筋道の立ったパターンが見られます。ブラッドフォードで襲われた会社、たとえばBMWの販売店のような会社の大部分は、暴動に関わった人々には正当な襲撃目標に思えたのでしょう」

なお、サッカー・フーリガンの研究で知られているJ・ウイリアムズ氏は、次のように述べている。

◇「警察は、なぜいつも攻撃の矛先となるのでしょうか。通りを襲撃する人々と警察の間には、往々にして根深い問題が潜んでいます。ブラッドフォードでは、事態がさらに悪化しました。というのは、騒ぎを起こした多くのアジア人たちは、警察がデモに参加したナショナル・フロントのメンバーに肩入れしたと信じていたからです。ひとたび市街で追撃戦が始まると、騒動は一気にエスカレートしました。警察は、私たちと同じ懸念を抱いています。警察がパニックに陥ると、それが群集を煽ることになります。つまり、警察がうろたえると、暴徒もそうなるのです。

暴動は、貧しい人々の『投票箱』のようなものです。ブラッドフォードで起こったことには、政治的な側面があります。人々は、自分たちの立場を改善したいという声明を出したかったのだと思います。そのことはまた、暴動の三日目に、街の通りを襲った二〇〇人の白人についても言えます。彼らは、アジア人のコミュニティーが人々の関心を集めているのをみて、『俺たちのことは、どうしてくれるんだ』と言ったのです。レスターを含む大都市周辺の労働者階級の居住区は、周囲から孤立した貧困地帯です。あの地域にはフラストレーションがたまっていますが、今回の騒動はそれが爆発したのです」

先に紹介したロウ博士のコメントからもわかるように、ブラッドフォード人種暴動の直接的な原因は、右翼組織とそのシンパによる嫌がらせや暴力、および（筆者注―有色人が感じ取っている）警察の人種的偏向にあるのだが、それよりももっと本質的な原因は、有色人労働者の失業と貧困、劣悪な居住環境と公的サービス、および、これらがもたらす彼らの強い欲求不満であると言わなければならない。

さて、この人種暴動がブラッドフォードで再び発生するかどうかについて、M・ロウ博士は、その可能性をまったく否定してはいないが、事態を楽観視している。彼はその楽観論に対する根拠をいくつか挙げて、こう述べている。

◇「これら一連の暴動の主要な要因は、右翼団体の役割でした。しかし、彼らは少人数で主流から外れたグループですから、あのようなアジ活動をこれからも続けることは難しいでしょう。彼らには、頼みの綱となる人的、財政的資源がないのです」

特に、ナショナル・フロントについては、筆者の知人であるロンドンのＩＲＲ（人種関係研究所）研究員Ｈ・ウォーターズ博士やレスター市の元人種関係委員Ｐ・ウィンストン氏もまったく同じ意見であった。イギリスに関する限り、ナショナル・フロントのメンバーは、フランスやドイツに比べて数が少なく取るに足りないというのである。

しかし、この右翼組織は財政基盤が弱く会員数が少ないとは言っても、これ以外の右翼組織や政党、およびそのシンパが存在する限り、一〇〇年、二〇〇年先はともかく、短期的には状況を楽観視することはできないだろう。前にも述べたとおり、有色移民の排斥を唱える彼らは、大規模な人種暴動が発生する数ヶ月も前から、ブラッドフォードやその周辺都市で人種的嫌がらせや暴力を繰り返していたのである。

また、近年、フランスやドイツなど「ナショナル・フロント」や「ネオ・ナチ」の活動が活発なEU諸国の右傾化に伴い、これらの国々における移民排斥の風潮が、イギリスの右翼勢力に及ぼす影響は無視できないだろう。

この他、ブラッドフォードとその周辺都市については、この地域がロンドンやレスターなどに比べて経済基盤が脆弱で、白人やアジア人の若者の間に失業者が多いため、欲求不満が鬱積していること、イスラム系移民はアフロ・カリブ人やインド人などに比べて、イギリスの文化や伝統に馴染もうとする度合いが少ないこと、ブラッドフォードでは地形の関係もあり、白人とアジア人のコミュニティーが孤立していて互いの意思疎通が円滑に行われていないことなどを考えると、必ずしも楽観は許されないだろう。現に、コミュニティーの孤立については、ブラッドフォードからレスターの友人を訪れた若いパキスタン人医師ダブド・レーマン氏が、筆者にこう語ってくれた。

◇「私は、パキスタン人が集住している地区に住んでいます。昼間は白人の居住区に出入りしてもあまり問題はないのですが、特に夜一〇時以後はとても危険なので、そこへは行かないようにしています」

暴動が発生した後、ブラッドフォード人種平等委員会の前会長ウーズリ卿は、この問題を解決するための特効薬はないと考え、長期的な視点にたった報告書「偏見のないコミュニティーの誇り」(*Community Pride not Prejudice*) を作成した。彼は、この報告書の中で、解決策として次の六項目を提唱している。

①人種ごとに分断されたそれぞれのコミュニティーが、互いの誤解や不信感を取り除き相互理解を深めるために、粘り強い努力を続けること、②警備体制を見直すこと、③市民が強力な指導力を発揮すること、④公職に就いている少数民族の適性を審査すること、⑤それぞれのコミュニティーを繋ぎ合わせ、人種的憎悪を払拭するためのプログラムを取り入れること、⑥以上の勧告を実現するため、専門の委員会を設置すること。

なお、この報告書以外にも、数名の専門家によるキャントル報告書 (Cantle Report) が作成され、同市における人種関係の現状分析に加え、問題解決のための具体的な提案を行っている。

第一二章　黒人青年スティーヴン・ローレンス殺害事件

筆者がレスター市のデモント・フォート大学を訪れた一九九八年夏には、大学の構内や街のいたるところで、スティーヴン・ローレンス殺害事件の再調査を訴えかけるポスターが目についた。事実、この事件に対する人々の関心は、全国的な高まりをみせていた。この事件に興味を持った筆者は、市内の書店を何軒か回って、事件について書かれた単行本や雑誌を探したが見つからなかった。

ところが、ある日、有色移民の居住区ビダルフ街のみすぼらしい雑貨店に立ち寄ったところ、本棚の片隅に人種問題の専門誌ＣＡＲＦ（「レイシズムとファシズムに反対するキャンペーン」*The Campaign Against Racism and Fascism*）が無造作に立てかけてあった。その表紙には“Where do we go from here?”（私たちは、これから先どうしたらよいのだろう）という一文とともに、ポスターで見かけたスティーヴンと彼の両親の写真が載っていた。筆者は、この偶然を喜び、さっそくその雑誌を買い求めた。ちなみに、ＣＡＲＦは、ロンドンの人種関係研究所（The Institute of Race Relations）が発行している専門誌であり、筆者は後年、数回にわたり当研究所を訪れ、幸運にもヘイゼル・ウォーターズ博士の知己を得ることになった。

さて、本章では、この雑誌とその後入手した何冊かの文献、さらには筆者が聞き取り調査で得た情報に基づいて、スティーヴン・ローレンス殺害事件の内容と問題点を検証したい。

一九九三年秋、有色移民が集住するロンドンのイーストエンドで、五人の白人少年が、たまたまバスを待っていた黒人少年スティーヴン・ローレンスを殺害した容疑で拘束された。しかし、彼らは、警察の初動捜査に不手際が認められたため、結局、証拠不十分という裁定が下り不起訴となった。しかし、その後、スティーヴンの両親による粘り強い調査の結果、この五人の白人少年は、黒人を嫌う人種差別主義者である疑いが濃厚となった。デモント・フォート大学で筆者の学生たちがお世話になった、イギリス人英語教師デイヴィット・ボイドン氏によれば、スティーヴンの両親は、事件の夜、この五人がナイフを振りかざしながら、「黒んぼなんか、やっちまえ！」と叫んでいるビデオを手に入れたという。

さらに、事件が起こった背景について、同氏はこんな話をしてくれた。

Public meeting
British justice — no justice
Speakers invited from:
The Stephen Lawrence Family Campaign
Justice for Ricky Reel
Warren Slaney Defence Campaign
Socialist Workers Party and Labour Party
Stephen Lawrence - murdered by racists cover-up by police
7pm Wed 19 August
Highfields Community Centre
96 Melbourne Road, Leicester
This meeting is sponsored by:

スティーヴン・ローレンス殺害事件の再調査を訴えるポスター

◇「事件の背景には、男女関係が絡んでいたようです。白人少年たちは、スティーヴンの交際相手が知り合いの少女（白人）だったことに腹を立てて、彼を襲ったとのことです。一般に黒人男性は、白人女性にとても優しいので大変人気があるんです」

こうした黒人に対する白人男性のやっかみは、そう珍しいことではないようだ。前述したノッティング・ヒル人種暴動（一九五八年）のきっかけの一つも黒人男性と通りを歩いていた白人女性に対するあからさまな人種的誹謗だった（Sewell, T., *Keep on Moving*, 1998）。当時と比べれば、今では状況がだいぶよくはなっているものの、有色移民が集住する大都市の一部には、依然としてこうした状況がくすぶっているものと思われる。

ところで、スティーヴンは、どんな若者だったのだろうか。彼の親友で、現在イングランドを代表するサッカー選手に成長したリオ・ファーディナンドは、スティーヴンの人柄についてこう語っている。

◇「話を聞いたときは、学校中が静まり返ったよ。スティーヴンはぼくより三つ年上だったけど、バカをやって、よく一緒に遊んでいたんだ。だから本当にショックだった。暗い気分になったね。だれかが教室に入ってきて『スティーヴン・ローレンスが刺された！』って叫んだんだ。本当にいいやつだった。物静かで、アートと音楽が好きでね。夢をもっていたんだ。そんな彼があんなふうに殺されてしまうなんて、まったく信じられなかった」（*LONDON FOOTBALL LIFE*, August 2005）

改めて、先に挙げた人種問題の専門誌ＣＡＲＦの表紙に載っている彼の写真を見ると、スティーヴンは、知的で物静かな青年といった印象を受ける。

さて、スティーヴンの両親は、息子の殺害事件が人種差別によるものであったこと、さらには、警察の初動捜査にも人種差別的偏向があったとして、不服審査機関に訴えを起こし、真犯人の逮捕を要求する執拗な運動を展開していた。警察がこれを受けて調査をした結果、一九九八年三月、この事件に対する警察の初動体制に不備がなかったかどうかを議論する公式の査問会が開かれ、大筋で次のような結論に達した。

「この殺人事件への対応には、警察の側に捜査能力の欠如 (incompetence)、無神経さ (insensitivity)、人種差別主義 (racism) が認められた。さらに警察の対応は、スティーヴンの両親や襲撃事件の生存者ドゥエイン・ブルックスに対しても同様であると認定された」

当然のことながら、このような警察の失態に対して、ロンドン警視庁の副総監が謝罪している。

なお、この査問会では、殺人事件のあった夜、現場に駆けつけた警官について、次のような問題点が明らかとなった。

⑴　警官は、殺人現場の向かい側に住んでいた二人の姉妹から、現場の状況を聴取しなかった。

⑵　さらに、この警官は、刺されて倒れているスティーヴンに対する姉妹からの介護の申し出を断った。

⑶　殺人現場でスティーヴンと一緒にいた友人、ドゥエイン・ブルックスは、公式の取調べに際して、以下のように証言した。①警官は救急車が到着する前に現場にやってきたが、大量の流血を目の当たりにして拒絶反応を示すのみで、有効な救急処置をまったく施さなかった。②警官は、ドゥエインに暴行を受けたかどうかを尋ねないで、逆に、彼が武器を持っていないかどうかと問い質した。③警官は、ドゥエインに「誰がスティーヴンを刺したのかわかっているんだぞ」と繰り返し言った。④警官は、彼とスティーヴンが何か相手を挑発するようなことをやったに違いないと決めつけた。⑤警官は、スティーヴンを乗せた救急車に友人のドゥエインを乗せなかった。⑥警官は、病院に駆けつけたスティーヴンの両親にほとんど関心を示さず、ただ遺体を確認するようにと言っただけであった。

以上の証言や事柄が事実だとすれば、警察には初動捜査のミス、人命軽視、同情心と人間的配慮の欠如があったと言わざるをえない。

さらに、この査問会では、次の点が不適切な対応（inadequate response）だとみなされた。

⑴　グローブス警部補は、現場に着いたとき、被害者の友人ドゥエインしか容疑者はいないと考えていた。

⑵　クレメント巡査部長は、数分で現場に直行し、近所の住民たちから聞き取り調査を行ったと主張したが、その調査を行った住民のうち覚えているのは一人しかいなかった。なお、パトカーのタイムレコーダーは、彼が現場に着いたと主張した時間の一時間後に到着したことを示していた。

⑶　事件の三〇分後に、白人の少年たちが歓声を上げながら車で二回にわたって現場を通ったが、警察は彼らを追跡しなかった。その中の二人、D・PとJ・Gは、かつて、ローラン・アダムズを死に至らしめた集団暴行に加わっていた。三人目のK・Hは、その地区のファシスト集団「ナチ党員の集い」のリーダーであった。にもかかわらず、その地区の人種差別主義者の一味が結託してこの事件を起こした可能性については、なんら追求されなかった。

なお、その後における一連の調査で、次の点も明らかとなった。

⑴　事件の翌日、一人の女性が、惨劇の夜に彼女の家で服についた血液を洗い流した若者の名前を、スティーヴンの母、ドリーン・ローレンスに教えにやってきた。ドリーンが警察に行って、その少年の名前を書いた紙切れを渡すと、警官はまるでそれを投げ捨てるかのように、くしゃくしゃに丸めて握りつぶした。

⑵　その同じ日に、ある人が警察署に入ってきて、事件に関わったA兄弟は入会する条件が人を刺すことになっているギャングの一味だと訴えた。彼はまた、一九九二年に、十代のアジア人少年ロヒト・ドゥッガルの殺害で有罪となったP・Tもその一味だと語った。また、この情報提供者は、この一味によるS・B襲撃の詳細についても報告した。S・Bは、面接調査の際に、N・AとD・Nによる襲撃は間違いないと言った。

⑶　警察は、N・AとD・Nを逮捕する十分な証拠を握っていたが、「しばらく待つ」という戦略

的な決定がなされたことを認めた。

⑷　翌日、N・Aの家宅捜査が行われた。その際、捜査班は、容疑者たちが連日、家の中から大きな袋を持ち出し、車で運び去るのを目撃した。しかし、捜査班は、携帯電話を持っていなかったという理由で、彼らを追跡しなかった。

⑸　G・Dも被告の一人だが、彼に対する告訴は後になって取り下げられた。彼は、警察に尋問されたとき、D・Nのことは知らないと白を切った。家宅捜査で発見された写真には二人が一緒に写っていたが、面接官はこの写真のことを知らなかった。なお、G・Dの父親は元警察官だった。

⑹　主任警視イアン・デイヴィッドが、目撃者のジェイムズ・グラントと面談したときの記録は、一切残されていなかった。したがって、警察は、非常に確かな証拠となる可能性が高い記録を失ってしまったことを認めた。

⑺　事件のさる目撃者は、五年もの間、犯人の似顔絵を描くのに必要な情報を求められなかった。彼は事件の後で、IDパレード（筆者注—警察署の一室で、横一列に並んだ五、六名の人々の中から、別室にいる目撃者が犯人を見分ける方式。アメリカやカナダでは、police line-up と呼ばれている）で証言するように頼まれて警察に行ったが、そこで九時間も待たされたため、そのまま帰宅した。

⑻　もう一人の目撃者は、警察が彼を容疑者扱いにして悪態をついたので、それ以上のIDパレードに参加するのを拒否した。

(9)　警察は、事件の起こった週に、この事件のことを日記に書いた一〇代の少女からの事情聴取をしそこなった。彼女の日記には、「N・Aは、ウェルホール・ロードで黒人の少年を刺した。J・N・G・DそしてL」と書いてあった。

(10)　警察がこの事件を積極的に調べなかったのは、事件に関わっていたD・Nの父親がその地区で恐れられている存在だったからだと証言された。父親のC・Nは、目撃者を買収したり、脅かしたりするという評判だった（実際に、彼はS・Bに二〇〇〇ポンドを払って、暴力行為に対する申し立てを取り下げさせている）。彼はまた、別件で逮捕されたとき、充填された火器二丁と消音装置付きの自動小銃を持っていた。

以上が、事件について明らかとなった主な点であり、CARFは、"*Police try to turn the table*"（警察は、形勢を逆転しようとしている）という見出しで、次のように報じている。

「警察は、深い悲しみに沈んでいるスティーヴンの両親と弁護士団を非難したり、実際、スティーヴン殺害の動機が人種絡みであったかどうかに疑問を投げかけたりして、申し立てに応戦した。スティーヴンを殺害した一味が『なに、なに、黒んぼだって？』と叫んだことは議論されていないし、警察は査問中に何度もスティーヴンの殺害は人種差別とは無関係だと主張した。マット・バゴット警察本部長は、査問を受けた警察チームの責任者だが、彼ら警察官がローレンス一家によって気落ちさせられ、また人々から不信と疑いの目でみられていると語った。警察官たちは、ローレンス一家の弁護士が捜査に関わるすべての書類に目を通していると主張することは、自分たちが担当している仕事からわき道にそらされているのだと言って、本部長を非難した。ポール・コンドン卿は、警察が笑いものにされていると主張して、議論に水を差した。彼はまた、彼の部下に対する尋問は厳しすぎるし公正さを欠いているので、警察と黒人との関係をそこなうだろうとも語った。これに対し、ローレンス一家は、問題なのは地域社会との関係を危険にさらすことは、警察官の行為というよりは、これから明らかになる事実だとポール卿が信じている点にあるのだと応戦した」

以上、スティーヴン・ローレンス殺害事件の概要と警察による初動捜査の不手際、さらには審問会におけるローレンス側と警察当局の対立の構図をみてきた。

前述のとおり、結局この五人の白人少年は、スティーヴンの両親や支援者たちの粘り強い努力にもかかわらず、証拠不十分ということで不起訴となった。この決定は「疑わしきは罰せず」という司法の鉄則に従ったものだろう。しかし、審問会で指摘されたように、「警察の初動調査に、数々の不手際がなかったならば……」という心ある人々（筆者注―この中には、多くの白系イギリス人も含まれている）の思いは、払拭できないまま今日に至っている。

ちなみに、イギリスのメディアは、こうした人々の思いを象徴するような出来事を報道している。それは、五人の白人少年たちが自らの無罪を主張し、裁判所から出てきたときの状況である。彼らに抗議しようと裁判所の前に集まっていた白人の群集が、この五人をめがけて物を投げつけたり罵声を浴びせたりしたのである。

こうしたメディアの報道と白人の群集が取った行動に、筆者は、イギリス人の良心を感じる。実際、有色移民とその二世、三世に対して人種的嫌がらせを行うのは、ほんの一部のイギリス人―極右グループとそのシンパ、および少数の地域住民や警官―に限られるのであって、大半のイギリス人は基本的に多民族・多文化社会を容認（または黙認）しているのである。

しかし、二一世紀に入って、EU加盟国、例えば、移民の数が多いフランスやドイツなどで、有色移民に仕事を奪われることを懸念する労働者の声に便乗して、右翼の移民排斥運動が活発になると、イギリスでも国民戦線や英国国民党の活動が目立ち始めた。二〇〇一年にブラッドフォードで発生した人種暴動も、そうした流れに沿うものであった。ただし、イギリスがフランスやドイツの右傾化の影響を受けたことは否定できないとしても、その結果としてのイギリスにおける移民排斥運動は地域的なものであった。

また、数百年の長期にわたるスパンでみれば、イギリスでは多民族・多文化の共生と融合のプロセスが一進一退を繰り返しながらも、大筋ではゆっくりとしたペースで前進するものと考えられる。現に、かつてこの国に移住してきた当初、何かと白眼視され槍玉に挙げられたアイルランド人、リトアニア人、ユダヤ人、ポーランド人の移民労働者は、現在、程度の差こそあれ、大方のイギリス人から彼らの一員として受け入れられている。

ところで、スティーヴンの両親ドリーンとネヴィルの社会正義を求める粘り強い闘いには、予想外の展開があった。二人はその闘いの中で、「スティーヴン・ローレンス基金」を創設し、黒人の若者たちの自立や就職活動に援助の手を差しのべたのだが、これがイギリス政府によって評価され、二人は二〇〇三年にエリザベス女王から大英帝国勲章（ＯＢＥ）を授与されたのである。

この叙勲には、少なくとも二つの理由が考えられる。すなわち、その一つは、イギリス政府が多くの心あるイギリス人と同様、スティーヴン・ローレンス殺害事件の発生とそれへの警察の対応を遺憾に思っていること、その二は、イギリス政府がこの国の将来にとって、少数民族との良好な人種関係が不可欠であると考えていることである。

ここで、先に挙げた黒人サッカー選手リオ・ファーディナンドの人種差別撲滅キャンペーンについて触れておこう（*LONDON FOOTBALL LIFE,* August 2005）。

前述のとおり、彼は親友スティーヴンの死にショックを隠せなかった一人だが、この殺害事件から七年後に、リオが生まれ育ったロンドンの貧民街、ペッカムで再び黒人の殺害事件が起こった。ダミロラ・テイラーというナイジェリアからの移民が刺殺されたのだ。

これを知ったリオは、人種差別に反対するために行動を起こし、テレビに出演したり「人種差別にレッドカードを」というキャンペーンを張ったりした。これは、世界で最も多くの人々から愛されているサッカーというスポーツを通して、イギリスの人々にもっと人種差別の問題について理解を深めてもらうための運動だった。彼はさらに、トニー・ブレアー首相に面会を申し入れ、自分が生まれ育った街、ペッカムの治安強化を訴えようとしたが、残念なことに彼の願いは実現しなかった。

さて、キャンペーンのために作成されたビデオの中で、彼はこう訴えかけている。

◇「暴力からは何も始まりません。誰かを殴り、侮辱する言葉を吐いても、何の解決にもなりません。大切なのはじっと我慢して、困難を乗り越えることです。難しいけど、克服すれば、もっと強い人間になれるのです。人種差別をするような最低の人間にならなくてすむのです。もしあなたが教室で暴力を見かけたら、すぐに先生に相談してください。二度と起きないようにしなければなりません。一度で食い止めておかないと、歯止めが効かなくなるからです」

先のワールドカップ・ドイツ大会の決勝戦では、フランスのジダン選手が、イタリア人選手に殴りかかるという不祥事が起きた。彼自身、アルジェリア移民の子であるジダンは、このイタリア人選手から人種に関わる侮辱を受けたと直感し、殴りかかったのだという。ことの真相はともかく、フェアープレイがモットーのスポーツにおいて暴力を振るうことは、重大なルール違反である。もちろん、ジダンは、即座にレッドカードを切られ、退場となった。計らずも事件を目撃した数億人もの視聴者は、この不祥事から重要な教訓を学んだことだろう。それは、人種に関わる侮辱が人の心を深く傷つけること、そしてまた、暴力による仕返しが解決にはつながらないということである。その意味で、この事件は無駄ではなかったと言ってよいだろう。

さて、元人種関係委員のポール・ウィンストン氏によれば、ロンドンやバーミンガムなどの貧しく、衰退した都市中心部（deprived, decayed inner-city areas）では、一九九〇年代後半以降においても、移民排斥を唱える白人の若者と有色移民との対立が表面化する危険性は十分にあるという。

実際、一九九七年と九八年の二年間に、ロンドンのイーストエンドなどでは一四人の黒人が殺害されたというし、前述のように二〇〇一年七月には、ブラッドフォードで、右翼系の白人青年とイスラム系の若者との間に一〇時間にも及ぶ激しい人種暴動が発生している。

人は、生来、差別や嫌がらせや暴力には抵抗するものなのだ。ちなみに、ブラッドフォードの人種暴動で警察に逮捕された一九二人のほとんどは、過激なイスラム原理主義とは無縁の若者であった。イギリスで生まれ育った彼らの大部分は、穏健で家族と隣人と平和を愛するごく普通の青年だったのである。

イギリスには、ネオ・ナチなどの極右に相当する国民戦線のメンバーは、せいぜい一〇〇人位しかいないと言われているが、同じく移民排斥を標榜する右翼政党「英国国民党」の存在は、一時的とはいえ今後ともこの国がこれまで推進してきた多民族・多文化主義政策にブレーキをかけることになるだろう。

したがって、イギリス政府は、人種差別や暴力を排除すると同時に、彼ら有色移民とその二世、三世が実質的な意味でブリティッシュの一員として受け入れられ、彼らに意欲と能力があれば教育、就職、居住環境などの面で、白系イギリス人と同じレベルの生活が送れるような社会を作り出す必要がある。

第一三章　有色移民に対する警官の人種差別

㈠　不当な取締りと人種的嫌がらせ

前述のように、一九八一年、ブリックストンで人々の心胆を寒からしめる人種暴動が発生した後、政府から調査委員会の座長に任命されたスカーマン卿は、この暴動についての詳細な報告書「スカーマン・レポート」を発表した。彼は報告書の中で、警察がランベス地区の一般市民の信頼を損なったのは、警察の側にも責任の一端があることを認めたが、捜査や取締りに当たって「警察が有色移民（主に黒人）を組織ぐるみで差別している」という批判をきっぱりと否定した。

しかし、近年になっても、ロンドン警視庁の職員・警官、およびボランティア職員の中で「警官が人種に関係なく、人々を平等に扱っている」と信じている者は、四九％しかいないという調査結果が出ている（二〇〇四年九月「ガーディアン」紙）。

もちろん、黒人の犯罪率が白人のそれに比べて高い場合は、あながち警官が人種差別的だと非難することはできないだろう。ここではしばらく、そのことも念頭に置きながら、警官の人種的偏向についての人々の考えや、その具体的な事例について検証したい。

さて、一九九一年七月七日付の「インディペンデント」紙は、警官が人々を公平に扱っているかどうかについての興味深い調査結果を掲載している。すなわち、この調査では、白人、黒人（主に西インド諸島人とアフリカ系黒人）、アジア人のそれぞれに、「非白人が警察官から受けている扱いについて「白人よりよい扱い」、「悪い扱い」、「同じ扱い」の三択で質問したところ、白人の四八％、黒人の七五％、そしてアジア人の四五％が、「非白人は警官によって、白人より悪い扱いを受けている」と回答している。これは質問を受けた三つの人種グループとも、その最も多くが、非白人は警官によって白人よりも悪い扱いを受けていると回答したことになる。

特に、黒人の七五％もが、「自分たちは警官によって、白人よりも悪い扱いを受けている」と考えていることは注目に値する。なぜなら、これは、黒人の大半が警官は黒人に対して組織的に人種差別を行っていると認識していることになるからだ。換言すれば、彼ら黒人の大半は、スカーマン卿の声明に疑いを持っていることに他ならない。

次に、同じ問題を、リチャード・バーサド等の研究書『イギリスにおける少数民族―多様性と不利益』（*ETHNIC MINORITY IN BRITAIN*, 1997）により検証するとしよう。同書において、バーサド等は、「人種的嫌がらせから自分たちを護るために、警官は信頼できると思いますか」という質問に対して、黒人とアジア人の男女が、それぞれどう回答したかを明らかにしている。

先ず、上記の質問に対して、黒人（主に、西インド諸島人とアフリカ系黒人）は七五％が、アジア人（主にインド人とパキスタン人）は四三％が「そう思わない」、または「まったくそう思わない」と答えている。この調査からも、多くの黒人とアジア人が警察に対して不信感を抱いていることがわかる。

次に、同じことを一六歳から三四歳の若い黒人とアジア人に尋ねてみると、この傾向はさらに強まっている。すなわち、この年代層の黒人の八五％が、そしてアジア人の五〇％が「そう思わない」、または「まったくそう思わない」と回答しているのである。つまり、若年層の黒人とアジア人は、中高年以上に、警官に対する不信感が強いことがわかる。ここでも、警察に対する黒人の不信感は歴然としている。

同書はまた、「警察の嫌がらせは、白人の若者より黒人の若者に対してのほうが多いと思いますか」という質問に対する白人の回答を円グラフで示している。それによれば、四〇％弱の白人が「そう思う」または「強くそう思う」、そして四〇％強の白人が「そう思わない」または「まったくそう思わない」と答えている。ここには、黒人に対する警官の差別について、差別者たる白人と被差別者たる黒人の認識のずれが浮き彫りとなっている。

ここで、有色人に対する警察の人種的偏向を、被害者の証言によって明らかにしたい。なお、それぞれの具体例は、前記書（T. Modood, *ETHNIC MINORITY IN BRITAIN*, 1997）からのものである。

先ず、勤務中の警官によるハラスメントの事例である。

◇「警官はちょっとした物を盗んだ白人を逮捕しましたが、たまたま私もその場にいましたので、彼は私に『お前は、その事件にどう関わっていたんだ』と尋問しました。彼は、そのとき私に対して差別的な言葉を使いました。その犯罪を白人から私に転化しようとしていた警官は、白人の男に『この黒ん坊は、この事件とどんな係わり合いがあるんだい?』と尋ねました。そして、『強盗なんてやるのは、黒人だけさ』と言ったのです」

◇「友達と僕がタバコを買おうとしたとき、店の人が僕に応対してくれませんでしたので、その人に少しばかり生意気な口の利き方をしました。すると、そこへ警官が入ってきて、僕たちの腕をつかみ店から引きずり出し、彼らのワゴン車の中に押し込みました。僕たちは、その警官に文句をつけて『あんたらは、人種差別主義者だ』と言ってやりました。すると一人の警官が『貴様らが、この国を悪くしてるんだ』と言い返してきました。彼らは僕を乱暴に扱いましたので、両方の手首が手錠で切れてしまいました」

◇「私には、それが、私の肌の色に関係があるとわかっています。なぜかと言えば、隣近所の人たちでさえそう言うのですから。警察には悪意があります。なぜ彼らは、近所の白人の家には行かないのでしょうか。彼らは私たち、特に息子たちになにかとけちをつけるのです。と言うのは、彼らは私たち家族がなにか気に入らないからです。つまり、私たちの苗字が、イギリス人とは違うからです」

◇「二人の警官は、車で僕を追い越しざまに『このパキスタン人野郎』とののしりました」

◇「そのとき僕らは、警察の訓練センターの前を通り過ぎていました。すると、ＫＫＫのような服を着た一人の警官が、そぶりを交えて僕を脅しました。ＫＫＫは、白人優越論を唱える人々です。彼は、インド人の口調を真似して、僕のことを『この黒ん坊野郎』と呼んだのです」

◇「僕は、朝早く散歩をしていました。すると、車に乗った警官が、僕のそばに止まって『お前は、朝早くこんな時間に、いったいどこへ行くんだ？　この黒ん坊野郎が！』とののしって立ち去りました」

また、二〇〇三年八月に筆者が訪問したロンドンの人種関係研究所も、警察による有色人に対する人種的嫌がらせの事例集を公にしている。これは、同研究所がメディアから収集した事例の集大成である。ここでは引き続き、この報告書『警察による黒人の取締り』（*POLICING AGAINST BLACK PEOPLE*, 1987）により、人種的嫌がらせの具体例を検証したい。

先ず、警官が、有色人に対する白人の嫌がらせや暴力事件を軽く扱ったり、一般の事件扱いにした事例である。

◇「一九八〇年九月、警察は、アジア人から人種的嫌がらせについての苦情を受けたあと、その人の家に電話をかけて、近所の人々を敵に回すことになるから、あまり騒音を立てないようにと警告しただけだった」〈事例ファイル集〉

一般に、中国人を除いて、家族の多い有色移民は、親戚や友人などを招いて賑やかな生活を送る傾向があり、しばしばこれが核家族に基づくイギリス人の個人主義的で静穏なライフスタイルを脅かすと言われている。この事例では、どの程度の嫌がらせがあったのか定かではないが、嫌がらせの被害を受けたアジア人のほうが逆に警告を受けた形になっている。

◇「一九八〇年一〇月、西ロンドン、イーリングのウォルター・ロドニー書店がたびたび何者かに襲われ、店内の至る所に人種差別的スローガンが書かれてあったが、現場にやってきた巡査は、『いったい、どうして欲しいんだ』と店長に尋ねた」〈*West Indian World*, 1980〉

巡査の質問から判断して、彼は、この嫌がらせの捜査と犯人の逮捕にあまり乗り気ではなかったことがわかる。

◇「G夫人と家族は、一九八一年に東ロンドンのキャニング・タウンの公営アパートに移された後、執拗な人種的嫌がらせを受けた。事件が起こったとき、警察はG夫人の助けを求める声に対して、『その程度のことは、キャニング・タウンではいつも起こるんですよ』と答えた。そうした状況の中、一九八二年に、玄関のドアが蹴破られたとき、G夫人はノイローゼになった」〈事例ファイル集〉

◇「一九八六年の三月と四月に、右翼の一味が、ブラッドフォードの近くのキースリーで大暴れをして、その期間中に、人種差別主義者の活動が目立って増加した。シク教の寺院に放火されたとき、教徒たちが独自に入手した証拠によりそれが故意の放火だとわかっていたが、警察はその火事が漏

電によるものだと主張した」〈*Asian Times*, no.165, 11 April 1986〉

前述のとおり、イングランド北部に位置するイスラム系移民の都市ブラッドフォードとその周辺の都市は、移民排斥をスローガンとする右翼の活動が活発である。二〇〇一年七月には、ブラッドフォードで険悪な人種暴動が発生しているし、それと前後してオルダム、バーンリーなどの周辺都市でも小規模な暴動や人種的嫌がらせが続発していた。このように人種関係が良好でない都市においても前記アジアン・タイムズ（*Asian Times*）の記事にみるように、警察は、人種的嫌がらせの事実を認めたがらないようである。

次は、警察が、人種絡みの犯罪を他の一般的な犯罪とすり替えた事例である。

◇「一九八〇年七月一七日、アフタール・アリ・ベグ氏は、東ロンドンのイースト・ハム・ハイストリートを歩いて帰宅する途中に、スキンヘッドの若者に刺された。最初、警察は、その殺人事件が人種差別主義者によるものだということを否定した。つまり、警察当局は、それが一般の強盗殺人事件だと簡単に決めつけ、被害者の身元を明らかにしなかった」〈*Bulletin of Newham Youth Movement*, August 1980〉

この文面からだと、結局、警察は後になって、この殺害事件が人種絡みであると認めたことになる。ちなみに、スキンヘッドとは、一九七〇年代初めの頃から現れた若者のギャングである。彼らは、頭髪を丸坊主にそり、白人至上主義を唱える人種差別主義のグループだとみなされている。周知のとおり、サッカー・フーリガンにもスキンヘッドが多い。

◇「東ロンドンのタワー・ハムレットで、アジア人に対する一連の放火事件が発生した後、警察は、おそらくその事件には人種差別的な要素はなく、一般の少年犯罪だろうと言った」〈*London Standard*, 10 September 1985〉

この事例にも、警察による人種絡みの事件と一般の事件とのすり替えがみられる。

次は、警察が人種的嫌がらせや暴力事件を軽視し、まともに捜査しなかった事例である。

◇「一九八一年六月、ハダズフィールドのコミュニティー・グループは、当地のソーントン・ロッジとロックウッド地区で一連の襲撃事件が発生した後、直ちに合同の会議を開いた。その地区では、アジア人の若者たちが襲われ、建物は壊され、壁や電柱には国民戦線のシンボルマークである鉤十字が描かれてあった。事件を目撃した人々の話では、若い白人の一味がうろつき回り、辺りに被害を加えるのを見たので警察に通報したのだが、警察はその通報をまったく取り上げなかったとのことである」〈*Morning Star*, 16 June 1981〉

◇「ウォリントンに住んでいる黒人の家族は、一九八一年に半年以上にわたって、執拗な人種的嫌がらせを受けた。そしてこの一家は、鉤十字のついた手紙や、暴力を振るうという脅し文句を書いた脅迫状を受け取った。ところが、このことを通報された警察は、家族の人に自分たちにはどうすることもできないから、そうした嫌がらせは無視するようにと言った」〈*Wallington Guardian*, 21

August 1981〉

◇「一九八二年六月、東ロンドン、プラーストウ在住のF夫人は、白人の若者たちに自宅のドアを蹴破られた。その事件が通報されると、警察は、彼女の家にやってきて被害状況を書き留めた。数日後、F夫人は、事件に関わった若者たちの名前と住所を突き止めた。しかし、彼女がプラーストウ警察署に電話をかけると、その事件についての記録がないので、若者たちの名前を調書に記載することはできないと言われた。その警官は、後日、警察に対して苦情が申し立てられたとき、若者たちを告訴すると言っただけだった」(事例ファイル集)

この記述によれば、事件の通報を受けて彼女の家にやってきた警官は、被害状況を書き留めたにもかかわらず、その記録を警察署に残さなかったことになる。

◇「一九八四年一〇月、南ロンドンのブロックウェル幼児学校保育部は、何者かに侵入され、壁には人種差別的で国粋主義的な落書きが書きなぐってあった。室内の設備や家具は壊され、養魚水槽にはペンキが投げ込まれ、金魚はすべて死んでいた。また、辺り一面には放尿してあった。管理人が警察に通報すると警官がやってきたが、保育部の所長が到着するまえに帰ってしまった。保育部は、警察が証拠を取れるようにとその日は休みにした。しかし、警察は、事件が起こってから六日も経ってから、やっと現場検証を行った。しかも、所長が正式な苦情を申し立てるまで、警察は謝罪をしなかった」〈*Times Educational Supplement*, 21 September 1984〉

これら一連の事例は、一九九三年にロンドンのイーストエンドで起こったスティーヴン・ローレンス殺害事件を想起させる。前述のとおり、この事件では被疑者が白人の若者、被害者が黒人の若者ということで、警察は、事件の捜査に消極的だったという批判を浴びた。特に、初動捜査が不十分だったという声が強かったのである。

次は、警察が被害者の有色人を擁護しないで、逆に、非難した事例である。

◇「一九八一年に、リーズ市チャペルタウンのシク教徒夫妻の家が燃え上がり、障害を持つシク教徒の女性が焼死した。シン氏は、通りがかった人の助けを借りて妻を安全な場所に移そうとしたのだが、何か燃えている物が窓から投げ込まれたとき、（その部屋にも）火の手が上がったのだと述べた。このことは、隣人のレグ・ディクソン氏によって確認されている。しかし、警察は、その火事の周辺にはなんら『疑わしい状況』はないと語った。警察は、シン氏を一二時間拘留し、弁護士と連絡を取るのを認めず、うそをついていると言って彼を責めた。目撃者のレグ・ディクソン氏は、警察がシン氏の話を信じないので、彼は辛い思いをしたのだと語った」〈*Leeds Other Paper*, 24 July 1981〉

この記事から明らかなように、シン氏は家を焼かれ妻が焼死するという重大な被害を被ったにもかかわらず、警察は彼の訴えに耳を貸さず、逆に、被害者のシン氏を責めたのである。

次は、警察が、申し立てられた被害を被害者の自作自演と決めつけた事例である。

◇「一九八一年九月、エイルズベリー刑事裁判所の陪臣は、バスの運転手ザッフェル・マームード氏が自分の身を護るために、正当な力を行使したに過ぎないという評定を下した。ザッフェル・マームード氏が勤務中の自分に対する襲撃を報告しようと警察署に出かけたところ、彼は不法かつ故意の傷害を相手に与えたという咎で逮捕された」〈*Bucks Free Press*, 25 September 1981〉

◇「警察は、ラフィク・モハメド氏の場合、彼が有蓋トラックに掛けた保険金を騙し取るために自ら火をつけたのだと地方紙の記者にほのめかした」〈*Searchlight*, no. 118, 1 April 1985〉

次は、正当防衛をした被害者を、警察が犯人扱いした事例である。

◇「一九八一年八月、八〇人にのぼる国民戦線のシンパが、ダンディーのビーチウッド地区で暴れまわり、アジア人と彼らの家を襲撃した。警察が到着したとき、自分の身を護ろうとした六人（その中の一人は、けがを負っていたが）は逮捕されてしまった」〈*Searchlight*, no 76, September 1981〉

◇「一九八四年四月七日、東ロンドンのニューアムでは、人種差別主義者による一連の襲撃事件が発生した。一六歳の若者は、車の中へ押し込まれ、暴行を受けた。また、軽度の障害を持つ他の若者は、力ずくで車に引きずり込まれ、ワンステッド・フラッツに運ばれ、そこの一室で殴られたり、金槌で頭を殴られたりした。アジア人の若者七人が、人種差別主義者の溜まり場とみられるパブに押しかけ彼らに立ち向かったとき、その現場に警察が到着した。すると、アジア人の一人が直ちに逮捕され、他の六人も数週間のうちに逮捕された」〈*Annual Report of Newham Monitoring Project*,

1985〉

(二) 路上での職務質問

次に、「ヘルシンキ人権監視委員会」が公刊した『イギリスにおける人種差別主義者の暴力』(*Racist Violence in the United Kingdom, 1997*) により、ロンドン警視庁の警察官が、街頭で黒人に対して行った職務質問 (stop and search) の比率を地区別に見るとしよう。

同書の「ロンドン警視庁により一九九四年一月から九月までに行われた職務質問」と題した表は、それぞれの行政区 (borough) における黒人に対する職務質問の比率を、高いものから順に挙げている。

これによれば、四割以上の比率を示した地区は、ブレント (四六・四七%) を筆頭に、ハリンゲイ (四四・九九%)、ハックニー (四四・〇五%)、ランベス (四三・五〇%) の四地区、次いで、三割以上は、ワンズワス (三九・三八%) を筆頭に、リュイシャム (三八・五八%)、ハマースミス・アンド・フラム (三六・五七%)、サザク (三二・八九%)、ウォルサム・フォレスト (三一・三二%) の五地区、以下、二割以上は、ケンジントン・アンド・チェルシー (二八・八〇%) を筆頭に七地区、一割台は、ハロウ (一六・六二%)、タワー・ハムレッツ (一五・一二%) など八地区、一桁台は、リッチモンド・アポン・テムズ (九・九七%)、バーキング・アンド・ダグナム (九・〇八%) など八地区となっている。なお、三二地区合計の平均は、二五・九三％だった。

この調査では、次の二点が注目される。それは、一九九四年一月から九月までの期間に、ブレント、ハリンゲイなど一六の地区で、職務質問全体の二割から五割近くが黒人に対して行われたこと、また、この間ベックスレイを除くすべての地区で、黒人に対する職務質問の比率は、それぞれの地区における黒人の人口比を大幅に上回っていたことである。具体的な数値で示せば、ブレントにおける黒人の人口比は一六・五一％に過ぎなかったが、彼らに対する職務質問の比率は四六・四七％にも達している。

なお、デイヴィッド・メイソンも、その著『少数民族間の差異』(*EXPLAINING ETHNIC DIFFERENCES*, 2003) の中で、同様のことを述べている。彼は内務省が二〇〇〇年に作成した表「一〇歳以上の人口一〇〇〇人当たりの職務質問」(筆者注—ある一定期間に、一〇歳以上の人口一〇〇〇人に対し何人が職務質問を受けたかを地域と人種ごとに示したもの) を取り上げているが、この表によれば、黒人は、ケントを除く他のすべての地域、即ち大マンチェスター、ランカシャー、ウエスト・ヨークシャー、ウェスト・ミッドランズで、白人やアジア人よりも職務質問を受けた回数が圧倒的に多くなっている。

ところで、警官は、どのような場合に職務質問という公の権限を行使できるのだろうか。「人権監視委員会ヘルシンキ」は、前記書の中でこう述べている。

「警官は、法律に従って、次の場合に職務質問を行うことができる。すなわち、それはある人物が盗品、攻撃用の武器、住居侵入や窃盗のために使用する道具、または火気を所持していると疑われる合理的な根拠がある場合である」

これを端的に言えば、職務質問とは、警官がある人物を疑わしいと判断した場合に、合法的に行うことができる権限である。したがって、黒人に対する職務質問の比率が高いということは、取りも直さず、警官が黒人は犯罪に走る確率が高いと考えていることに他ならない。つまり、黒人の側から見れば、イギリスの警官は、黒人に対して偏見を抱いているということになる。これは、一九九一年の世論調査にみるように、白系イギリス人の四〇％、黒人の実に七五％もが、「警官は白人の若者よりも、黒人の若者に対して悪い扱いをしている」と回答していることと符合するものである。

しかし、一方で、人種暴動のきっかけが、しばしば黒人の被疑者と彼を追う警官だったことを考えると、白人社会から阻害され、相対的に貧しい境遇に追いやられている黒人が犯罪に走る確立は、白人よりも高いという現実は否定できないだろう。

第一四章　人種的嫌がらせの被害と自治体および民間団体による解決への取り組み

この章では、人種差別主義者（主に、右翼集団とそのシンパ）による有色移民とその二世、三世に対する人種的暴力と嫌がらせの実態について検証すると同時に、自治体による解決へ向けた取り組みについて明らかにしたい。

㈠　人種的嫌がらせの被害状況

先ず、GACARA（筆者注―人口の約一二・七％が有色人で占められているグリニッチ自治区を対象とした被害者支援団体）が作成した表により、ロンドンのグリニッチ自治区において、一九八五年から九五年の間に発生した人種的嫌がらせの種類と件数をみると、以下のとおりである。

①　殺人事件は、四件（一九九一年に二件、九二年と九三年にそれぞれ一件）発生している。

②　警察の人種的嫌がらせは、年ごとに漸増し、九〇年以降はいずれの年も二〇件以上発生してい

る。なお、九一年と九二年は、それぞれ五四件、六一件と突出している。

③　暴力事件は、少なかった年が一九件、二六件、三八件など、また多かった年が七一件、七八件、八三件などとなっている。

④　器物損壊は、発生件数が多く、概ね一五〇件から三〇〇件の間となっている。

⑤　刃物によるけがや威嚇は、一四件から三二件の間となっている。

⑥　火器の使用は、発生件数が少なく、一九八五年に二件、八六年と九三年にそれぞれ一件となっている。

⑦　銃の使用も比較的少なく、〇から九件の間となっている。

⑧　郵便受けへのいたずらは、一九九一年までは三五件から五九件の間を推移していたが、九二年からは急増し、一二九件と二六二件の間を推移している。

⑨　人種差別主義者による罵倒と脅しは、二年間を除いて、概ね一〇〇件から二〇〇件の間を推移しており、九三年から九五年の三年間は、それぞれ二九七件、四九九件、五〇四件と急増している。

以上の人種的嫌がらせ事件を年ごとに合計すると、一九八五年―四三七件、八六年―三七二件、八七年―三七七件、八八年―三六三件、八九年―四四一件、九〇年―四〇一件、九一年―五七三件、九二年―九二三件、九三年―九一一件、九四年―一〇一八件、九五年―一〇〇〇件となり、全体的に漸増傾向を示しているが、特に九一年からは急増している。これは、グリニッチ自治区の人口が、当時、二一万七四〇九人だったことを考えれば、決して少ない数とは言えないだろう。

なお、年ごとの総発生件数のうち警察に届けられた割合をみると、二〇%から四〇%の間を推移している。これには、①警察に届けると加害者から仕返しを受ける危険性がある、②警察に届けてもまじめに対応してもらえない、③以上のことから、公的な人種関係委員会やボランティア団体など警察以外の機関に届けた、という理由が考えられる。

次に、ニューアム監視プロジェクトの調査により、ニューアム（筆者注—ロンドン中東部の自治区で、当時の人口は二三万一〇〇〇人）における人種的嫌がらせの種類と発生件数をみるとしよう。

このプロジェクトが調査を行った年は、一九八九年、九〇年、九二／九三年、九三／九四年、九四／九五年にわたる五年間であるが、結果は次のとおりである。

① 殺人は、それぞれ九二／九三年以降に一件ずつ合計三件発生している。
② 暴力事件は、五一件から七八件発生している。
③ 罵倒と威嚇は、四九件から八七件発生している。
④ 放火と器物損壊は、九二／九三年まで一桁台だったものが急増し、その後は六六件、五八件となっている。
⑤ 警察による暴行は、二八件から三九件となっている。
⑥ 警察による罵倒は、二四件から三〇件となっている。

⑦　その他の人種的嫌がらせは、二一件から三八件となっている。

そして、以上の合計件数は、それぞれ二〇一件、二一六件、二五九件、二九五件、三一七件である。すなわち、ニューアム自治区においてもグリニッチと同様、人種的嫌がらせの数が漸増していることがわかる。

さて、一九八〇年に設立された「ニューアム監視プロジェクト」は、この問題に対してどのように取り組んでいるのだろうか。

㈡　ニューアム監視プロジェクト（NMP）

一九八〇年に設立された「ニューアム監視プロジェクト」の主要な目的は、同プロジェクトが公刊した「年報二〇〇〇—二〇〇一」によると、「東ロンドンにおける人種的嫌がらせと警察の人種的偏向に苦しんでいる人々に、実際的な支援と助言を与えること」となっている。これは、いわゆるケースワーク（筆者注—精神的、社会的、肉体的に苦しんでいる人の来歴や成育環境などを調べて、正常な生活に復帰させようとする仕事）が個人やその人の生活状況に対する実際的な手助けを提供するためには、非常に重要であることを意味している。

なお、「ニューアム監視プロジェクト」は、他の社会福祉の機関と違って、コミュニティーを基盤としたプロジェクトであり、個人や家族自体のニーズに焦点を合わせて活動している。

また、ここで行われているケースワークは、地域社会のより広範な問題、関心、および副次的影響にも配慮している。これらの問題には、地域社会を内側から強化するために、多くの人々やさまざまな組織、団体が共同で取り組んでいる。ちなみに、人種問題に対するこのような総合的かつ多面的な取り組みは、後述するように、レスターやブリックストンなどでも行われている。この問題の根は深く、複雑多岐にわたっているため、こうした多面的かつ総合的な取り組みが不可欠である。ある場合には、不正な行為をはっきりとさせて人々の目の前にさらすために、キャンペーン活動が必要となる。こうしたキャンペーン活動は、人種的な暴力に取り組む地域社会の熱意を促したり、集団的な組織を発展させたりする直接的な方法でもある。

そこで、同プロジェクトの具体的な活動を紹介すると、以下のとおりである。

先ず、その一つとして、「ニューアム監視プロジェクト」は、全国宝くじ慈善協会（ＮＬＣＢ）から資金援助を受けて「人種的嫌がらせ―あなたはこれと闘うことができるのに、なぜ我慢するのですか」（*RACIAL HARASSMENT, why put up with it when you can fight it?*）と題したパンフレットを発行している。この中で同プロジェクトは、心ある人々に対して、次のような呼びかけを行っている。

(1)　会員の募集

「年次総会によって承認された規約に記されている当プロジェクトの目的に賛同する個人、または団体なら、誰でもニューアム監視プロジェクトの会員になることができます。すべての会員には、このプロジェクトの会報、年報、および最新情報が送付されます。会員はまた、このプロジェクトを支持するグループに入る資格があります。」

(2) 人種的暴力と嫌がらせを訴えるボランティア応対係りの募集

「このプロジェクトの緊急サービスは、警察からの人種的暴力や嫌がらせに苦しんでいる東ロンドンの黒人社会の人々を支援する最前線となっています。夜、および週末には、このために特別の教育を受けた即応体勢のボランティアが配備されています。二四時間の緊急サービスは、一九八三年に始まり、一時期中断していましたが、スティーヴン・ローレンス（筆者注―第一二章参照）の母親の財政的な援助により、最近、再開されました。私たちは、あなたが以上の主旨に賛同された上で、ボランティアとして私たちのチームに参加されることを強く願っています。」

ここで、同プロジェクトの年報により、プロジェクトが南ロンドンで取り組んだ人種的嫌がらせ（警察によるものも含む）の内訳についてみるとしよう。

先ず、「年報二〇〇〇」によると、以下のとおりである。

事件のタイプについては、警察の人種的嫌がらせが三一％で四九件、一般的な人種的嫌がらせが三八％で六〇件、その他が三一％で四九件となっている。

そして、同行政区内の各地区における被害者からの申立て件数を百分比でみると、ニューアム―四六％、タワー・ハムレッツ―一〇％、ウォルサム・フォレスト―八％、レッドブリッジ―七％、ハックニー―六％、バーキング・アンド・ダーゲンハム―六％、イースト・ロンドン外―一七％となっている。

次に、以上のことを「年報二〇〇〇―二〇〇一」によりみると、事件のタイプについては、警察の人種的嫌がらせが三〇％、一般的な人種的嫌がらせが三三％、その他が三七％となっている。

また、被害者からの申立ての方法については、直接の申立てが三二％、緊急サービス（このために特別に設けられた一一〇番）への申立てが四八％、その他が三二％となっている。

さらに、同行政区内の各地区における申立て件数は、マナー・パーク―一五件、フォレスト・ゲイト―一〇件、ストラッドフォード―一五件、ファーストウ―一六件、イーストハム―八件、キャニング・タウン―一一件、ニューアム外―七六件となっており、合計では一五〇件の申立てがあったことになる。

最後に、「年報二〇〇三―二〇〇四」により、前記のことについてみると、以下のとおりである。

先ず、事件のタイプについては、警察の嫌がらせが一九％で二五件、一般的な人種的嫌がらせが三六％で四八件、その他が四五％で六一件、合計で一三四件となっている。

なお、個々の事件はそれぞれ性格が異なっているので、同プロジェクトによる調停は関わった機関も回数もさまざまである。被害者個人のための調停が一回だけで、比較的速やかに解決される場合もあるが、それはほんの少数の事例に過ぎない。同プロジェクトが扱う事件の大半は、被害者や加害者との長時間にわたる面接、公的機関との再三にわたるミーティング、関係機関や当該個人との度重なる往復書簡のやり取りが必要となる。つまり、問題を解決するためには、多くの時間とエネルギーが不可欠なのである。

また、「ニューアム監視プロジェクト」は、「人種差別主義者から襲われたらどうすべきか」(What to do if you suffer a racist attack) と題した小冊子を一〇ヶ国に及ぶ言語（英語、ソマリア語、ウルドゥー語、ベンガル語、グジャラティー語、パンジャブ語、ヒンズー語、フランス語、スペイン語、ポルトガル語）で作成し、次のように訴えている。

「①その襲撃を必ずＮＭＰに報告してください。私たちは警察と共同して、区役所や障害保障局から支援を仰いだり、法的な措置を取ったり、治療費を支援したりして、あなたを助けるために、その情報が必要なのです。②証拠になる物（例えば、割れたガラス片、使用された凶器、衣服など）は、すべてそのままの形で取っておいてください。③できるだけ迅速に、事件を警察に通報してください。通報した時間や対応してくれた警察官の氏名を書き留めておいてください。また、彼らの認識番号を聞きだしてください。④できるだけ速やかに、襲撃中に起ったすべてのことを書き留めてください。そして、それを警察に通報するとき、時間、場所、襲撃の様子、加害者が言った言葉、障害の程度などを含めて、あなたが覚えていることをすべて詳細に報告してください。⑤その襲撃の目撃者がいる場合は、彼らが見たり聞いたりしたことをすべて書き留めるように頼んでください。

また、彼らが書き留めたものに、サインをしてもらってください。⑥もし誰かがけがをしたら、必ず医者に診てもらうか病院に行って、すべての傷をはっきりと見せてください。目に見える傷は、すべて写真に撮ってもらってください。⑦あなたが集めたメモや情報は、すべてしっかりと取っておいて、それらすべてをＮＭＰに持ってきてください。そうすれば、私たちの助言や支援がやりやすくなります。⑧あなたを助けることができるように、ＮＭＰの会員に電話をかけて、面会時間の予約を取ってください。私たちの電話番号は○○です。」

イギリス在住の少数民族にとって、こうした同プロジェクトの会員による献身的な努力と呼びかけは心強い限りであろうし、また成果も大いに上がっていることだろう。しかし、これまでみてきたように、人種差別主義者とそのシンパによる人種的暴力と嫌がらせは、相変わらず後を絶たないというのが現実である。

㈢　レスター

さて、筆者は、一九九八年八月に二回にわたり、レスター市の人種関係委員会を訪れ、人種問題に関する資料の収集と聞き取り調査を行った。このときのフィールドワークに基づいて、同市・州における人種的嫌がらせの実態と、それに対する取り組みについて検証したい。

先ず、同市の「人種的嫌がらせ対策プロジェクト」についてみるとしよう。このプロジェクトの起源は、一九九一年にレスター市・州が公刊した調査報告書の中にみられる。『人種的暴力と嫌がらせ』(*Racial Attacks and Harassment* ,1991) と題したこの小冊子は、レスター市・州内では、年間七〇〇件もの人種がらみの事件が発生しており、この問題を監視し解決するためには、公的機関の設立が不可欠だと提案している。その結果、一九九三年に、この対策プロジェクトが発足する運びとなり、三人の専従職員が配属された。

以来、同プロジェクトが手がけてきた仕事は、①人種問題の種類と所在を明らかにすること、②被害者への支援が十分であるかどうかを確認すること、③人種的嫌がらせに取り組むための効果的なアイディアを、地域の住民に提供することなどであった。

現在、同プロジェクトは、種々の公的または私的機関と緊密な連携を取り合いながら仕事を進めている。これらの機関は、問題を解決するために必要な実際的かつ法的手段を講ずることによって、被害者を救済することに努めている。具体的には、人種的嫌がらせを解決する方策を探るために、警察、学校、州・市役所の部局、ボランティア団体、コミュニティーなどとの連携を密にしている。

さて、当然のことながら、人種的嫌がらせに取り組むためには、先ず人種的嫌がらせの定義を明確にしなければならない。同プロジェクト合同委員会が採択した定義をまとめると、以下のとおりになる。

「人種的暴力と嫌がらせは、一般的な暴力や嫌がらせとは違うものである。したがって、それは、隣人同士の口論、迷惑な行為や蛮行などとは区別されなければならない。暴力や嫌がらせは、被害者が人種がらみだと感じたときや加害者がそれを意図したときに、人種的な性格を帯びてくる。ちなみに、女性は、人種的嫌がらせの他に性的嫌がらせに遭う可能性もある。

レスター市・州対策プロジェクトの政策は、あくまでも予防的なものであり、次に挙げるいかなる人種的嫌がらせも容認しない。①人種的罵倒や肉体的虐待、②人種差別的な絵、物、グラフィティ（落書き）など、③職場で、従業員や同僚の人種的・民族的背景を口実に口を利かなかったり、一緒に仕事をするのを拒んだりすること、④人種的・民族的背景、肌の色、出生地、国籍、または人種的家系を理由として、歓迎されない言葉、冗談、当てこすり、あざけりなどを言うこと、⑤人種的に侮辱する身振りによって、仲間の仕事に影響を与えること、⑥仲間の面前で、（人種に関わることで）継続的に当惑させたり傷つけたり、惨めな思いをさせたりすること」

以上のような包括的な定義をみると、人種的暴力と嫌がらせは、レスターにおいても複雑多岐にわたっていることがわかる。また、一つの重要な点は、この定義が被害者の意識に焦点を合わせていることである。すなわち、加害者の意図がどうであれ、被害者が人種的嫌がらせ、または暴力だと感じたとき、この犯罪が成立するのである。その意味では、性的嫌がらせと同じ解釈が採用されていることになる。

ただし、一方的に被害者の受け止め方だけを判断基準にすると、危険であることにも留意しなければばならない。なぜなら、被害者と称する人がこの問題に対して極度に敏感だったり、被害妄想に陥っている場合もあるからである。そのような人からは、公正な判断が期待できないであろう。

ここで参考までに、筆者自身が実際に出遭ったり、耳にした人種的嫌がらせの事例を紹介しよう。一九六〇年代半ば、私はケンブリッジの路上で、小学校高学年の生徒と思われるグループに、「あっ、日本人だ。あんたは、日本語がしゃべれるかい？」とからかわれたことがある。おそらく、当時は日本人がごく少なかったからであろう。いずれにせよ、日本の子供たちは、英米人に対してこんな態度は取らないだろう。また、八〇年代後半、語学研修でレスターを訪れた教え子の男子学生は、街の通りで労働者風の男からいきなり唾を吐きかけられたという。同じ頃、別の男子学生がパブでビールを飲んでいたところ、労働者風の中年男性が、何も言わずにテーブルをひっくり返して出て行ったという。さらに、二〇〇四年夏、筆者がバーミンガムの通りで、たまたま通りかかった労働者風の男に道を尋ねたところ、彼は横を向いてさっさと行ってしまった。彼の頑強な腕に彫られた極彩色の刺青が印象的だった。日本人に対するこうした人種的嫌がらせは、めったに起こることではないが、まったく起こらないとも言いきれないのである。

さて、本論に戻るが、レスター市・州の対策プロジェクトは、次のような五つの主要な目的を掲げている。

① 被害者を適当な機関に差し向けて、支援の手を差し伸べ、助言を与えること。

② 人種的嫌がらせの問題にすばやく反応し、公的、または私的機関と連絡を取ること。
③ 首尾よく解決にこぎつけた事例をよく確認し、その手法を次の仕事に生かすこと。
④ 被害者が得られるサービスの改善方法を確認すること。
⑤ 市、または州委員会の仕事を手伝って、人種的嫌がらせに対する彼らの政策や仕事を改善し、この問題に対する一般の人々の関心を高めること。

これらの目的を要約すれば、プロジェクト自体が個々の問題に取り組むと同時に、警察や学校などを含む他の団体、機関、および被害者が人種差別の問題に取り組むのを手助けすることだと言える。

なお、筆者が一九九八年に同プロジェクトを訪ねたとき、専任職員のバルビンダ・ジャットレーさんは、この機関の取り組みの一例として、こんな話をしてくれた。

◇「私たちは、毎年、市内の生徒たちから人種差別反対のポスターを募集して、優秀な作品を表彰しています。また、そうした作品は、印刷されて市内の学校や役所などに掲示されます。あそこの壁に貼ってあるポスターは、今年の入賞作品なんですよ」

こうした取り組みの結果、レスター市は、有色移民との人種関係が比較的良好だと言われている。それゆえ、二〇〇一年に大規模な人種暴動を経験したブラッドフォードは、その後、直ちに調査団をレスター市に派遣し、具体的な解決策を模索している。レスターは、多民族・多文化のモデル都市とみなされているのだ。

人種差別反対の自作のポスターを手にした公立学校の生徒

しかし、同プロジェクトの報告書（一九九三年）をみると、かつては、人種的暴力や嫌がらせの被害者が必死の思いで被害を報告しても、公的機関からなんら支援や助力が得られなかったことがわかる。したがって、この対策プロジェクトは、人種的嫌がらせと暴力の申立てに対処する際に、形式ばらず柔軟で共感的な雰囲気を取り入れることに努めている。もちろん、この対策プロジェクトは、原則として、訴えた人の氏名や訴えの内容については公表しない。それは、訴え出た被害者が、加害者から仕返しを受ける恐れがあるからである。

次に、レスターの州および市議会が設置した「人種的嫌がらせ対策委員会」によるレポートを基に、当地における人種的嫌がらせの種類と発生件数をみるとしよう。

九三年四月から九四年三月までのレポート

(*ANNUAL REPORT*, 1993-94) によると、同委員会はこの期間に九八件を扱ったが、その内訳は以下のとおりである。

先ず、訴えた主体についてみると、被害者からが六八件で最も多く、次いで市役所からが九件、州庁からが四件、その他からが一七件であった。次に、被害者の人種についてみると、インド系アジア人が六〇人で最も多く、次いで、カリブ系黒人およびアフリカ系黒人が二〇人、白人が一三人、その他が五人であった。レスターはインド系移民が人口の三割以上を占めているので、彼らが被害者である場合が多いという結果になっている。白人の被害者も一三人いるが、これは在来のイギリス人と他の国々から移住してきた人々だと思われる。ここで注目すべき点は、被害者の大半が元植民地からの有色移民とその子弟だということである。なお、被害者の数を男女別にみると、女性五一人、男性四七人と相半ばしている。

次に、事件や苦情の内訳についてみると、人種的罵倒が三五件で最も多く、次いで器物損壊二七件、住居に関する苦情二二件、暴行二〇件となっている。多民族都市レスターにおけるこうした状況をみるにつけ、関係諸機関の努力にもかかわらず、人種的偏見や敵意の根絶は「一朝にして成らず」の感が強い。

また、訴えられた加害者の人種についてみると、白人が二七人で最も多く、次いでアジア人七人、アフリカ系黒人と西インド諸島人がそれぞれ三人の順になっている。ここに加害者は白人、被害者は有色人という典型的な構図が読み取れる。

なお、事件の発生した地域についてみると、九八件中、六八件がレスター市内、およびその周辺で起っている。これは、仕事との関係で、有色移民とその子弟が都市の中心部に集住しているためだろう。

以上のことを、同プロジェクトが作成したレポート（*ANNUAL REPORT*, 1995-96）により、もう一年間（九五年四月から九六年三月まで）フォローしてみよう。

先ず、訴えた主体についてみると、被害者からの通報が三八件で最も多く、次いで市役所が一〇件、州庁が六件となっている。ここで注目されるのは、人種的嫌がらせ対策プロジェクトに警察からの報告がないということだ。その理由として、被害者は、警察に対して不信感を抱いているため、彼らに訴え出なかったということが考えられる。

次に、被害者の人種についてみると、アジア人が二六人で最も多く、次いでアフリカ黒人と西インド諸島人がそれぞれ一五人、白人が一二人となっている。

被害者の性別についてみると、女性が四一人、男性が二九人で、この期間も女性のほうが多くなっている。前述のとおり、女性はこれに加えて、性的嫌がらせの対象にもなっている。

事件の種類についてみると、ドアや窓を叩いたり、大きな音を立てたりする一般的な嫌がらせが三七件で最も多く、次いで器物損壊が八件、店舗の襲撃と警官に対する不満がそれぞれ七件、精神的・

感情的嫌がらせとレスター市役所に対する不満がそれぞれ六件、肉体に危害を与えるという脅しと子供に対するいじめがそれぞれ五件となっている。

訴えられた加害者の人種についてみると、白人が三一人で最も多く、次いでアジア人が三人、アフリカ系黒人と西インド諸島人がそれぞれ八人となっている。ここでは、前年に比べて白人の加害者が六七人から三一人と半減している。

事件が発生した地域についてみると、レスター市内が四七件、レスター州が二三件となっている。これは、有色移民が市内に集中しているためである。

最後に、訴えのあった事件が解決されたかどうかについてみると、未解決が四〇件、解決済みが三〇件となっている。なお、それぞれの項目において、訴えた人の数よりも事件の数のほうが多くなっているのは、一人の被害者が複数の被害を訴え出る場合があるからである。

以上のことから、一九九四年から九五年における事件の内容と件数は、一九九三年から九四年とほぼ同じ傾向を示していると言ってよいだろう。

(四)　ランベス人種関係委員会

次に、ロンドンのランベス自治区における人種的嫌がらせに対する取り組みを明らかにしたい。ランベス人種関係委員会は、『人種的事件監視に関するガイダンス』(*Guidance on Racial Incident Moni-*

toring, 2001）と題した手引書を作成して、この問題に対するきめ細かい取り組みを行っている。ちなみに、この手引書は、筆者が二〇〇三年にランベス区役所を訪問した際に、担当職員（黒人女性）から直接手渡されたものである。

先ず、この手引書の人種がらみの事件や嫌がらせの定義についてみると、ランベス委員会はスティーヴン・ローレンス審問報告書（一九九九年）によって薦められた定義「被害者、または他の人によって、人種差別的だと感じられたすべての事件」を採用している。したがって、同委員会もはっきりと被害者の側に立って、この問題に対処しようとしていることがわかる。また、同委員会は、「人種差別的事件」という用語が警察の取締り用語で、犯罪になるものとそうでないものの両方を含むという前記報告書の勧告を取り入れている。

同委員会は、人種差別が動機となっている事件を思い起こさせたり構成したりする言動の中には、以下のものが含まれていると解釈している。

ランベス自治区市庁舎

①人、または財産に対する人種差別的動機による手荒い行為、②悪口、ジョーク、または歌などによる人種差別的な侮辱、③人種を侮辱するような言葉を使うこと、例えば、個人に向けられたのではない人種差別的な用語を不用意に使うこと、④ある人の文化、言葉、宗教、肌の色、容姿を侮辱するような評言や嘲り、または、ある人の文化的な習慣についての無礼な評言、⑤人種差別的な落書きや、価値を傷つけるような掲示やポスター、⑥人種差別的な印刷物、資料などの展示や回覧、⑦特定の少数民族に対する否定的な固定観念、⑧一般の人々の健康に関する人種的動機によるクレーム、または悪意のある苦情、および悪臭や汚物などによる迷惑な行為、⑨騒音や迷惑な行為などによる嫌がらせ、または相手を脅迫するために、犬をけしかけること、⑩肌の色や人種が動機となって、人と一緒に仕事をしたり協力したりするのを拒むこと。

以上のことから、同委員会は、人種差別的動機による事件を広い視野に立って、細大漏らさずとらえようとしていることがわかる。

次に、誰が人種差別的動機による事件を報告できるかについてみると、基本的にはすべての人ができることになっている。そして、報告書は、訴え出た被害者が加害者から報復されたりプライバシーを侵害されたりする恐れがあるので、当該機関から細心の注意と共感をもって扱われる必要があるとしている。ある人についての情報をいくつかの機関や個人が共有する場合は、一九九八年の「データー保護法」によって制限が加えられているが、個人のデータとは、現在生きている特定の人の身元を明らかにするものであり、また、他の情報との関連で、ある特定の人の身元を明らかにするものである。こうした個人情報を保護するために、同委員会は、次のような方策を講じている。

◇「限られた例外はあるが、個人情報を他の機関に開示する前に当該機関は、被害者の同意を得なければならない」

ここで言う「限られた例外」とは、事件が特に深刻で、再発の危険があると認められる場合である。こうした場合に限って、当該機関は、被害者の同意なしに他の関連機関に個人情報を開示し、必要な手立てを講ずることができる。

以上、レスター州・市、ニューアム、およびランベスの取り組みについてみてきた。その結果、それぞれの機関がこの問題の重要性を強く認識し、各機関との協力の下に、きめ細かで柔軟な方策を講じていることがわかる。

これまでに多くの有色移民を受け入れてきたイギリスが、より豊かで調和の取れた多文化社会を築き上げるためには、今や三〇〇万人以上と言われている彼ら少数民族との共生と協力が不可欠となるであろう。

㈤　サンドウェル

続いて、ロンドンのサンドウェル区役所で入手した資料、「人種平等サンドウェル」作成の「サンドウェルにおける人種的嫌がらせと差別」(*RACE HARASSMENT AND DISCRIMINATION IN SANDWELL: EXECTIVE SUMMARY*, October 2003) により、同区役所がこの問題に取り組むことになった背景と経緯についてみると、大旨以下のとおりである。

スティーヴン・ローレンス殺害事件に関する報告書によって、一般のイギリス人は、人種的暴力の広がりと深刻さを強く印象付けられた。しかし、肌の色が理由となっている暴力と嫌がらせは、決して新しいものではなく、有色移民が長年経験してきた深刻な社会問題である。

サンドウェルでは、その地区の黒人と少数民族の組織が、一九六〇年代から人種的嫌がらせと差別に反対する宣伝活動を行ってきた。ちなみに、この地区では、国会議員に当選すると予想されていた候補者が、「黒んぼを隣人にしたかったら、労働党に投票することだ」と公言したため、全国的な規模で非難された。

一九六〇年代と七〇年代に人種差別法が議会を通過したが、残念なことにサンドウェルでは、黒人社会と彼らの支援者以外には、ほんの少数の人々しか人種的嫌がらせと差別の問題を真剣に受け止めることがなかった。当時の人々の一般的な考えは、黒人自身に問題があるというものであった。そして、こうした一方的な言い分は、肌が黒いイギリス市民の権利を一掃する移民法と諸規制によって部分的に強化された。

しかし、時が経過すると、さまざまな地域の団体による何年にもわたる監視と宣伝活動が効を奏して、イギリス政府は、人種的嫌がらせと暴力の問題をより真剣に受けとめ始めた。スティーヴン・ローレンス殺害事件が、再び制度的人種差別と人種的暴力の問題を提起したのである。労働党政府は、黒人の疎外、不利益、差別と闘うことを宣言し、それらを取り除くための法案を議会に提出し成立させた。これは、地方議会やその他の公的な団体に影響を与えることとなった。現在、公的機関に携わる人々には、違法な人種差別と闘い、公平な機会とよりよい人種関係を促進することが求められている。

サンドウェルでは、一九九八年に「サンドウェル人種的嫌がらせ対策ユニット」(Sandwell Racial Harassment Unit, 1998) が結成され、この地区における人種的嫌がらせと暴力に対して、迅速かつ適切な対応が可能となった。この組織は存続期間中に、ケースワーク、組織的奉仕活動、教育と訓練、多くの機関による共同の取り組み、さらには宣伝活動などさまざまな活動を精力的に展開した。

この組織の長期的な影響は長い年月をかけて評価されなければならないが、たとえそれが廃止されたとしても、その組織が不要になったというわけではない。サンドウェル地区で現在も続いている人種的嫌がらせに対するすばやい効果的な対応は、今後も必要不可欠なものである。「人種平等サンドウェル」(Race Equality Sandwell) は、そうした必要を満たすための重要な役割を担い、それを立派に果たしている。

次に、「人種平等サンドウェル」が作成した前記の冊子によって、サンドウェルの公的機関が果たしてきた役割や現在の状況についてみるとしよう。

(1) 警　察

① サンドウェル地区の警察は、人種的に悪質な犯罪や犯罪とまでは言えない軽微な事件を記録する主要な機関である。しかし、警察が記録するデータの信頼性や情報の範囲の両面で、さらに改善の余地がある。

② この地区の警察は、「憎しみによる犯罪」(hate crime) についての関心、およびそれと戦うために、地区の機関やコミュニティーと積極的に協力することを表明している。

③ これまで警察は、黒人、および少数民族の地域社会と協力して、人種的嫌がらせと差別に関わる「予防的かつ補足的」な仕事に取り組んできた。しかし、まだ警察と少数民族が抱いている人種的正義に関しては、少数民族の間にかなりの警戒心が残っている。

(2) サンドウェル市議会

① サンドウェル市の委員会は、本来の業務とより広範な地域社会において、人種的嫌がらせや差別と闘うための主要な役割を担っている。人種関係法と諸規制、およびサンドウェル地区の少数民族の構成メンバーは、これを法的、政治的な責務としている。

② これまでの成果はさまざまであり、人種的不平等に挑戦する際、現行の主導権の取り方に関して地域住民と職員との間に不信感があることもまた事実である。すなわち、同委員会は、黒人と

少数民族の社会に対して、人種的嫌がらせや差別をしようとする要因のいくつかを作り出しているという批判を招いている。

③「サンドウェル人種的嫌がらせ対策ユニット」が廃止されたのち、同委員会は、人種的嫌がらせに対する迅速かつ首尾一貫した対応を取ろうと努めている。

④サンドウェル行政区は、お互いの協力と人種平等のための教育に関してすでに立派な成果を挙げているが、また一方では、制度的な人種差別もあるという批判も受けている。最近の地区選挙では、人々のこうした好ましくない認識が確認された。また、黒人と少数民族を敵視する極右組織が、勢いを増している。

⑤サンドウェル区における極右勢力の活動と、人種的嫌がらせや差別との関係を検証する必要がある。これは、人種的嫌がらせの加害者とその予備軍からの理解と協力を得て行う必要がある。

(3)「被害者支援組織」、「サンドウェル調停委員会」、「市民助言課」

①「被害者支援組織」は、警察から紹介される人種的嫌がらせの大部分を受理する。以前、それらの照会は「サンドウェル人種的嫌がらせ対策ユニット」に回されていたが、現在は「被害者支援組織」がすべての照会に対応している。目下のところ、この組織は、人種的嫌がらせと差別の被害者を支援するという点で主要な機関となっている。

②「被害者支援組織」には、二〇〇三年一月から九月までの間に、毎月平均一五件の照会があっ

た。そして、サンドウェル区内で連絡を取った他のどの機関においても、人種的嫌がらせの照会やケースワークはあまり増えなかった。

③　「サンドウェル調停委員会」には、人種的嫌がらせのケースワークを扱う能力があるので、すべての照会に対応している。この委員会は、昨年から今年にかけて被害者自らが人種的嫌がらせだと判断した事例を一件受理している。

④　「スメズウィックCAB」は、これまでに種々の人種に関わる事例を扱ってきた。これらの大部分は、一般の差別と制度的な差別が中心である。これらの事例は、それに対して政治の影響があったことを示している。その中には、亡命者や難民、新しくできたコミュニティーに関する事例も含まれている。

⑷　被害者との共同作業

①　人種的嫌がらせや差別が報告される関係諸機関に対しては、さらに大きな信頼が寄せられるようにしなければならない。このような事件の報告や記録が、実際に発生している事件の数よりもかなり少ないという可能性が高いからである。

②　現在、警察は、何が嫌がらせや差別に当たるか、行動を起こすにはどんな選択肢があるか、さらに、この種の事件に関連のある報告をしたり支援を受けたりする機関についての情報を提供するための資料の作成と配布について検討している。

③　サンドウェル区の黒人、および少数民族のコミュニティーの中には、他のコミュニティーよりも、人種的嫌がらせを受ける危険性が高いものがある。これは、亡命者や難民、パキスタンやバングラデシュ出身者のような新しいコミュニティー、および黒人と少数民族の相対的に小さなコミュニティーについて特に言えることである。

④　また同様に、嫌がらせの危険性が最も高そうなグループと、嫌がらせが最も起こりそうな場所を特定する必要がある。現在、警察は、人種的に悪質な犯罪、および犯罪とは呼べない軽微な事件が起こりそうな危険地区の地図を新たに作成している。この資料は、嫌がらせが発生する可能性に対する戦略的な対応を促進する上で、大変に貴重なものとなる。

⑤　一九九八年から二〇〇一年までの間に、警察の七つの担当地区は、サンドウェル区で報告された人種的に悪質な犯罪の四〇%を占めた。その上位三地区は、ウェスト・ブロムウィッチ、ソーホー・ヴィクトリア、およびティプトン・オッカー・ヒルであった。二〇〇一年には、「サンドウェル人種的嫌がらせ対策ユニット」が、ウェスト・ブロムウィッチ（三〇%）、スメズウィック（二五%）、ティプトン（一六%）が最も危険な地区だと特定した。

(5)　加害者の扱い

①　回答者は、人種的嫌がらせの加害者の大半は白人であるが、被害者の大部分は黒人と少数民族のコミュニティーから出ていると考える傾向があった。ティプトンの中心的な白人グループ（年

齢も性別もさまざま）は同地域における白人が襲撃される懸念があると発表したが、「サンドウェル犯罪調査委員会」が作成したデータによれば、人種が動機となっている犯罪の加害者は白人が七二％、男性が八一％で、その半数近くが二〇歳以下の傾向があるとのことである。

② 人種的嫌がらせの加害者予備軍や実際の加害者と協力して、この問題を解決しようとするいくつかの努力が行われてきた。「レウィンド・プロジェクト」は、犯罪を犯す危険性の高い若者、および彼らの家族との共同作業で、かなりの成功を収めている。効果的な反人種差別の取り組みとして「レウィンド・プロジェクト」の評判が高いので、この組織は、全国的かつ国際的な関心を集めている。

③ 被害者との共同作業の課題は、サンドウェルにおける違ったタイプの人種差別についての問題を喚起したことである。回答者の中には、労働者階級が住んでいる地域における嫌がらせとしての人種差別と、商品やサービスを提供する専門職に就いている人々による人種差別とを区別する者もいた。サンドウェルで、二種類の人種差別が現れたことに対する検証が必要である。というのは、両者の間に象徴的な関係があるように思えるからである。それぞれは、互いに刺激し合い、強化し合っていると考えられる。

④ サンドウェルで常識ともなっている階級横断的な人種差別の慣行があるとすれば、これは、同区内における極右シンパの存在を証明することになるだろう。スメズウィックから出た議員で労

働党のさる大臣は、大勢の「亡命者」が「本来の」選挙区民に迷惑をかけながら彼の診療所を利用していることに不満を漏らした。このことは、英国国民党が行っているキャンペーン用の議論と軌を一にするものである。これは、その労働党の大臣が極右のシンパだと言っているのではない。単に、もし本流の政治家たちがネオ・ナチの主張をオウム返しに唱えているとすれば、彼らはネオ・ナチの主張が傾聴に値するものだということを支持するのに等しいと言っているだけのことである。

以上、サンドウェルでは、「人種平等サンドウェル」を中心に、警察、人種的嫌がらせの加害者、および被害者が協力して、人種的嫌がらせと差別の問題に取り組んでいる。これは、筆者が二〇〇二年に訪問したレスター市の「人種的嫌がらせ対策プロジェクト」や、二〇〇三年に訪問したランベス市役所と同じ取り組みである。

㈥　近年の事例

さて、人種的嫌がらせは、近年においても依然として発生している。ロンドンの人種関係研究所が二〇〇四年九月三日と四日に発信したメディアからの情報により、事件の具体的な中身を確認するとしよう。

◇「地下鉄の車両で、アジア人のグループと口論していた二人の白人少年が、噴射機を使ってグループに胡椒を吹き付けた。警察は、彼らの口論の中で人種差別的な言葉が使われていたので、この事件を人種的暴力だとみなしている」〈*Manchester Evening News*〉

◇「ケネス・ホームズ（二八歳）は、ミルウォールの試合で人種差別的な歌を唄ったため、サッカーの観戦を三年間禁止された」〈*Lewisham & Greenwich News Shopper*〉

◇「団地のアパートで暮らしている数十人の亡命者は、一階のイラク人男性が放火犯の標的にされたとき難を免れた。彼の部屋の窓は、ほんの数日前に割られたばかりだった」〈*Peterborough Evening News*〉

◇「ブレット・ワールド（一八歳）は、アクボル・アリが経営している持ち帰り店に放火すると脅迫し、少年院に二年間収容された。アリは、バーンズリーの近くのゴールドソープで、五年間にわたり人種差別主義者による宣伝活動の被害に遭ってきた」〈*Sheffield Star*〉

◇「一七歳のアフリカ人亡命者ケルヴィン・ソロマンは、ハンズワスの自宅の前で刺殺された。警察は、二〇歳の白人女性を逮捕した」〈*Sunday Mercury*〉

◇「警察は、コヴェントリーで投函された人種差別主義者のチラシの調査を開始した。若い英国国民党員によって書かれたそのチラシは、ブラッドフォードについての最近のテレビ番組に照準を合わせたものだった」〈*Coventry Evening Telegraph*〉

（筆者注―一般に、イギリスのメディアは、人種問題について公正な報道をすることが多い。したがって、

右翼政党がこれに抗議したものと思われる）

◇「ノーフォーク警察署の調査によれば、黒人がノーフォークで職務質問を受ける可能性は、黒人以外のグループに比べて六倍であることがわかった」〈不詳〉

◇「ハンティンドン住宅供給組合は、借家人とその息子が人種差別による肉体への危害と反社会的な行為を認めたので、二人をセント・アイヴェスの家から追い出した」〈*Hunts Post*〉

◇「一五歳の生徒がシュロップシャーのロングデン・ロードを歩いていたとき、三人の白人男性によって人種に関わる罵声を浴びせられ、ナイフで脅された」〈*Shropshire Observer*〉

◇「ストラスクライド大学とグラスゴー反人種差別同盟の研究によれば、少数民族の若者は、人種差別がいまだに彼らの生活の一部だと感じていることがわかった」〈*Daily Record*〉

◇「ロンドン警視庁の職員、警官および市民のボランティア職員の中で、『警官が人種に関係なく、人々を平等に扱っている』と信じている者は、四九％しかいない。また警官は、自分たちが経験不足、かつ装備が不十分で、きつい仕事に見合った評価を受けていないと考えている」〈*Guardian*〉

◇「警察のさる組織は、二〇〇三年にバーバー・アーマドの逮捕に関わった警察官が告訴されないだろうと発表した。しかし、医者は、アーマードが五〇ヶ所もけがを負っており、取調べに行き過ぎがあったと報告している」〈*Guardian*〉

◇「警官に対する独立苦情審査委員会は、一九歳になるイスラム教徒の学生の逮捕と彼に対する虐待

の調査を開始した。この学生は、八月にミルトン・キーンで職務質問を受け、逮捕されたのだった」〈*Guardian*〉

◇「南ベルファストで、ある男性が自宅の騒ぎを警察に通報した後、二人の人種差別主義者が逮捕された。この男性の訴えによれば、自宅の玄関のドアが蹴られ、彼に対して人種差別的な侮辱の言葉が浴びせられたという」〈*BBC News*〉

◇「アルジェリア人男性は、テロ活動防止法により裁判を受けることなく三年近くテロリストの疑いで拘留されていた一三人の外国人の中の一人だが、デイヴィット・ブランケット内務大臣の説明もないまま釈放された」〈*Guardian*〉

◇「ジェイミー・ブース（一八歳）は、人種が動機となっている二件の器物損壊についての罪状を認めたのち、電子的にチェックするためのタグを身に付けて門限時間を守るようにと裁判官から命令された。彼は有色人のタクシー運転手たちに人種的な罵声を浴びせ、ノッティンガム・シティー・センターで彼らの車を襲ったのだった」〈不詳〉

以上の事例をみると、主として一九八〇年代後半以降に流入した東ヨーロッパ、中近東、ソマリアなどからの政治・経済難民も含め、少数民族に対する人種的嫌がらせは、近年においても依然として続いていることがわかる。

第一五章　多民族都市レスター再訪

二〇〇一年九月一一日、世界を震撼させた米同時多発テロは、さまざまな分野に深刻な影響を与えた。ニューヨークの観光産業が打撃を受けたのはもちろんのこと、遠く離れたハワイでも、結婚式を挙げる日本人カップルの数が半減したという。ナスダックが、全米株価の急落を示したのは言うまでもない。

テロ発生の一ヶ月後、外務省から大学宛に一通の書面が届いた。

それによれば、「九月十一日の米国同時多発テロ及びその後の米英両国によるアフガニスタン・タリバン政権への報復攻撃への緊迫した国際情勢に鑑み」（なんと正確で、一分の隙もないお役所表現であることか）、海外渡航を見合わせるべき国として、アメリカ、カナダ、およびＮＡＴＯに加盟しているヨーロッパ諸国が指定されていた。大学は、これを踏まえて検討した結果、春の語学研修（学部）とヨーロッパ教育視察研修（大学院）を中止した。

この通達の有効期限は、一〇月三一日までとなっていたが、その後もアルカイダによる特に英米の旅客機に照準を合わせた報復テロがあるのではないか、という言い知れぬ不安がくすぶっていた。事実、一二月下旬、あれは確かクリスマスの直前だったと思うが、パリからニューヨークへ向かうアメリカン航空の機内で、国際テロ組織の一員とおぼしき男による自爆テロ未遂事件が発生した。靴の裏に仕掛けたプラスティック爆弾に点火しようとしていた男が、勇気ある乗客によって取り押さえられたのだ。正に、間一髪で、数百人もの命が救われたのだった。

こうした状況の中、筆者は、翌年三月に移民の都市レスターで人種関係の現地調査を行うため、あれこれと準備を進めていた。航空券とホテルは一月の段階で予約済みだったが、出発までの間に世界のどこであれ航空機テロが発生したら、すべてを解約するという二段構えでいた。

予約が取れたのは、ヴァージン・アトランティック航空だった。「イギリスの飛行機は、危ないんじゃないの」という同僚からの一言に、「まあ、その時はその時さ」と答えたものの、内心穏やかではなかった。

出発当日の三月二日、成田空港は旅行客でごった返していた。

予想どおり、乗客の手荷物検査は入念だった。かなり年配でやせぎすの男性係員は、「すみませんねえー」と盛んに恐縮しながらも、あれやこれやの包みを開けて念入りにチェックした。しかも、手荷物検査は、機内に入る直前にもう一度行われた。

これは機内の乗務員から聞いた話だが、三人の係員が乗客を搭乗させる前に、毎回座席の下、手荷物収納ラックやトイレの中などをくまなく点検するとのことだった。こうした人の目と手によるチェックのほかに、すべてが危険物探知装置にかけられるのだが、粘土状のプラスティック爆弾は検出できないのだという。つまり、自爆テロ犯がこれを機内に持ち込むのを一〇〇％阻止することはできないわけだ。とにかく、心配しだしたらきりがない。ここまできたら、腹を決めて「一、二の三」で、乗り込むしかなかった。

機内は満席だった。

乗客のほとんどは日本人、しかも若い女性だった。おそらく、春休みを取ったOLか卒業旅行の女子大生なのだろう。彼女たちの心は、いま始まろうとしているヨーロッパ旅行への期待感で高揚していたに違いない。機内には、明るい笑い声がはじけ、華やいだ気分がみなぎっていた。

一方、私のほうはと言えば、人種問題の調査などという重いテーマに加えて、あれやこれやの取り越し苦労で気分はふさぎがちだった。しかし、辺りに満ち溢れた若々しいエネルギーは、成田前泊で寝不足気味の私をいくぶんか元気づけてくれた。

幸い、私を乗せた九〇一便は、何事もなくヒースロウ空港に着いた。予想どおり三月のロンドンは、陰鬱な鉛色の空に覆われていた。風も強く、空気は冷たかった。

空港からずいぶん長い距離を歩いて、地下鉄（ピカデリー線）に乗る。相変わらずロンドンの地下鉄は、騒音が激しく、暗くて薄汚れた感じだ。人種もさまざまである。乗客の二、三割は、外国人といった感じである。この多民族・多文化の国際都市では、実に五〇以上もの言語が話されているという。

ビートルズの名曲「エリナ・リグビー」には、

ねえ、ごらんよ、あの寂しげな人々を
あの人たちは、みんなどこから来たのだろう
あの人たちには、帰る場所があるのだろうか（筆者訳）

という件りがある。

これは、ロンドンの地下鉄の乗客にも当てはまりそうだ。彼らは大都会での激しい生存競争に疲れたのだろうか、それとも徹底した個人主義が彼らを孤独に追いやっているのだろうか、その表情は、一様に重苦しく不安気だ。

ラッセル・スクウェア駅に着くと、すでに辺りは薄暗くなっていた。

目指すロイヤル・ナショナル・ホテルは、駅から歩いて五分ほどのところである。チェックインを済ませて部屋に入ると、緊張がほぐれたせいかうとうとと眠くなった。翌日はレスターで、人種関係委員のポール・ウィンストン氏と会う約束があった。だから、ひと風呂浴びると、すぐにベッドにもぐりこんだ。

翌朝は早めにホテルを出て、地下鉄でセント・パンクラス駅に向かった。元はホテルだったという

この駅舎の外観は、ヴィクトリア王朝風とでも言おうか、驚くほど手が込んでいて重厚そのものだ。イギリスの列車は、しばしば時間どおりに運行されない。

しかし、私の乗った明るくモダンな急行列車は、定刻にプラットホームを離れた。うれしいことに、日本のような小うるさい放送は一切なかった。乗り降りは、乗客の自己責任という考え方が強いようだ。

列車は、一時間半ほどなだらかにうねる田園地帯を走りぬけた後、移民の街レスターに着いた。駅舎の正面玄関を出ると、そこは広々とした高い屋根つきのホールとなっていて、数十台の箱型タクシーが乗客を待っていた。黒塗りのオースティンといい、赤レンガの駅舎といい、ターバンに黒ひげのシク教徒といい、あの不思議な取り合わせは、どことなくレトロな感じさえした。タクシーの運転手のほとんどは、インド系である。レスター市は、第二次大戦後、南アジアから「青い鳥」を求めてやってきた有色移民の街だ。

同市の訪問は、今回が四度目だった。

前回と同様に、人種関係委員のポール・ウィンストン氏が、私のフィールドワークに何かと手を貸してくれた。レスター大学で社会学を修めたという彼は、すでに五〇歳前後になっていただろうか、悠に一〇〇キロは超える巨漢だ。らんらんと輝く大きな目、真っ白なあごひげ、がっしりとした首、朗々と響く太い声、大きく張り出した太鼓腹の持ち主である。その風貌たるや、公務員というよりは、

向かって右より、ポール・ウィンストン氏、筆者、ヴィノド・チェダサマ氏（レスター市・人種平等委員会にて）

むしろ哲学者かグル（筆者注―ヒンズー教の導師）といった感じだ。

数年前に亡くなった彼の父は、ロンドンの典型的な労働者で、ご多分にもれず、家族思い、女王びいき、共産主義と外国人嫌いで通したという。皮肉なことに、息子のポールは、そんな父親を反面教師として、多民族・多文化社会のよき理解者に成長したのだ。

大学出の彼は、この点で頑固な父親と袂を分かったものの、家族思いの父に対する愛情と尊敬の点では、人後に落ちないという口ぶりだった。

彼は自分が労働者階級の出身であることを誇りに思っているようだが、その理路整然たる語り口や、国内外の情勢に対する的確な分析能力と博覧強記ぶりには、目を見張るものがあった。その意味で、彼は、労働者階級出身の社会評論家ジェイムズ・カーカップを髣髴させる。

一般に、イギリスの労働者は、階級社会を容認しているためか、知的向上心が乏しく子供の教育にもさほど熱心ではないと言われている。しかし、ポールの両親に関する限り、こうした一般論は、どうやら的外れのようだ。

やり手の父は労働組合の幹部だったというし、前回、お会いした母親は物静かで知的な女性だった。彼女の話す英語には、労働者階級特有の地方なまりは全くなかった。おそらく彼女は、正規の学校教育を受けた中流階級の出身だと思われる。もしそうだとすれば、彼の両親の出会いは、階級の壁を越えたロマンスということになるだろう。

さて、ウィンストン氏は、私をお気に入りの中華料理店に招待してくれたとき、近年の難民事情についていろいろと話してくれた。それによれば、最近では中近東はもとより、東ヨーロッパ、東アジア、アフリカなどにおける民族紛争のあおりを受けて、多くの政治・経済難民（例えば、パレスチナ人、クロアチア人、ソマリア人など）がイギリスに押し寄せているとのことだった。これは、五〇年代後半から本格化した元植民地からの有色移民の流入とは違った新しい動きである。

ただし、彼らは決死の覚悟でイギリスにたどり着いても、難民として認定される可能性は極めて少ない。また、認定のための審査はたいてい長期にわたるため、その間の宿泊施設や生活費を政府が用意しなければならない。たまたま数年前、市内で廃業となったという大型のホテルは、審査待ちの難民であふれていた。

翌日、ウィンストン氏が案内してくれた人種平等委員会（Racial Equality Council）には、幸運にも難民として認定された人々が、仕事や生活上のアドバイスを求めて相談に来ていた。しかし、ソマリア人女性の所長と南アフリカから移住してきたというパキスタン人所員ヴィノド・チュダサマの話を総合すると、イギリスでは言葉、習慣、肌の色などがネックとなって、彼らが仕事にありつくのは非常に難しいとのことだった。

さて、私が同委員会のオフィスでパンフレットを見ていると、十代後半と思われる白人青年が話しかけてきた。聞けば彼は、昨年クロアチア難民として両親と一緒にこの国に逃げてきたのだが、難民としての認定がまだ下りないのだという。

彼は、日本に強い関心を抱いているらしく、「僕は、できれば日本かアメリカで働きたいと考えています」と言いながら、弱々しく微笑んだ。

彼は、日本が豊かな先進工業国だと知っていたのだった。しかし、日本は、難民や外国人労働者の受け入れに関してはことのほか厳しい国である。私は、彼の気持ちが痛いほどわかったが、事実を正直に話すしかなかった。このとき、正直、思ったのは、自国の政治的、経済的安定が個人にとっていかにありがたいかということだった。それを知るためにも、日本の若者は、もっと積極的に海外体験を積むべきだろう。

さてこの日、訪問を終えてホテルに帰る途中、ウィンストン氏は、あるパブの前を通りかかったとき、こんな忠告をしてくれた。

「ユージ、このパブには、人種差別主義者が多く集まるので、避けたほうがいいよ」

驚いた私が中をちらっとのぞいてみると、バーはテディーボーイ風（？）の若者たちで賑わっていた。私はこのとき、有色移民との人種関係が相対的にうまくいっていると言われているレスターにも、さまざまな表情があることを改めて実感したのだった。

第一六章　世論調査にみる人種関係の全体像

一般に、イギリス人は、多民族・多文化社会における互いの人種関係をどう思っているのだろうか。「インディペンデント」紙（一九九一年七月七日付）に掲載された世論調査を手がかりに、この問題を探るとしよう。

この調査では、回答者が白人、アフリカ系カリブ人（ジャマイカ、バルバドスなどからの黒人）、アジア人（インド人、パキスタン人、バングラデシュ人など）という三つのグループに分けられていて、それぞれが設定された質問に対してどう考えるかを%で示している。

◎「この国は、社会全体として人種差別的ですか」

先ず、この質問に対して「非常に差別的」、または「かなり差別的」と答えた比率が最も高かったのはアフリカ系カリブ人で、その比率は七九%だった。二番目に高かったのが白人で、六七%、三番目がアジア人で五六%となっている。この比率が一番低かったアジア人でさえも六割近くに達しているところをみると、かなりのイギリス人がこの国は人種差別的だと考えていたことになる。

アフロ・カリビアンの比率が約八割と最も高くなっている理由については、白人による人種的嫌がらせやノッティング・ヒル、ブリックストン、ハンズワスなどにおける黒人の人種暴動を思い起こせば十分だろう。一般に黒人は、右翼団体や警官が自分たちに対して差別的だと考える傾向が強い。ちなみに、筆者は、二〇〇四年の夏、ロンドンで「ニューアム監視委員会」の理事シリウス・ヴィクター氏（アフロ・カリブ系黒人）と会う機会を得たが、彼は繰り返しこの国が人種差別的だと強調した。彼は客で混み合った軽食堂に私を案内し、この国の人種問題について熱弁を振るったのだが、このとき一つ気になったことがある。それは、ヴィクター氏が説明を続けながら絶えず前後左右に目を配って、何かを警戒していたことである。彼がまた、次々と店を変えたことも不自然に思えた。事によると彼は人種差別主義者からマークされ、後をつけられていたのかも知れない。

なお、九・一一米同時多発テロ以降、イスラム教徒に対する差別や偏見が強まっていることを考えると、現在、パキスタン人が差別されていると感じている比率は、急上昇していると思われる。

以下では、順次、この世論調査の質問項目とそれに対する回答を挙げ、興味深い点を拾い出してみよう。

◎「一〇年前に比べて、人種差別はどうなっていますか」

三つの人種グループとも、「少し減っている」と答えた者の比率が、一番多くなっている（白人―三三％、アフリカ系カリブ人―三九％、アジア人―二八％）。これは、一〇年という長期のスパンでみて、人種差別が漸減しているというのだから、希望の持てる話である。ちなみに、ユダヤ人やアイルランド人も、移民としてやってきた当初は激しい差別と偏見にさらされたのだが、今日では、ブリティッシュ（英国人）の一員として受け入れられている。

なお、一九八一年にカリフォルニアで始まった弱者やマイノリティを護ろうとする社会運動ＰＣ（political correctness）や人種の違いを尊重し理解しようとする教育（Racial Awareness Training）が普及した結果、テレビ番組や書籍の出版にも変化が生まれている。日本でもＰＣの影響で、出版界はもとより新聞やテレビなどのメディアは、知的、または肉体的障害を持つ人々に対する差別用語を自粛するようになった。

イギリスにおけるテレビ番組の変化について、デモント・フォート大学英語教育センターの主任講師デイビッド・ボイドン氏は、次のように述べている。

◇「イギリスでは、一九六〇年代から七〇年代にかけて、コメディータッチの家庭向けテレビドラマで、アルフ・ガーネットという登場人物が人気を博していました。彼は、保守党員で、有色人と女性と労働組合が嫌いだというイギリスの典型的な労働者でした。当然、彼は、保守的な政治家、例えば、ウィンストン・チャーチルやマーガレット・サッチャーなどが大好きでした。アルフは、しばしばドラマの中で、西インド諸島やアフリカから移住してきた黒人をwog（色の薄黒い外国人、特に、アラブ人に対する蔑称）、coon（頭の弱い乱暴者といった意味の黒人に対する蔑称）、sambo（黒人に対する蔑称）などと呼んで、人々の笑いを誘いました。しかし、今日、アルフ・ガーネットは、PCや人種理解教育が普及したため、少なくとも表向きには受け入れられない人物になりました」

同様の理由で、いわゆる「民族ジョーク」も出版界において同じ運命をたどっている。周知のとおり、イギリスにおける民族ジョークは、主としてイングランド人によるアイルランド人、ウエールズ人、スコットランド人などに対するジョークからなっている。言ってみれば、これは、それぞれの民族に対する偏見と固定観念に基づいた他愛ない作り話である。

その固定観念とは、アイルランド人が間抜け・無知無教養・大酒のみ、ウエールズ人が間抜け・嫌われ者、スコットランド人が間抜け・けち・大酒のみといった具合である。もちろんこれに対して、アイルランド人やスコットランド人の側からも、イングランド人に対して仕返しのためのジョークが作られている。言わば、ジョークの応酬を一種のゲームとして楽しんでいるといった感じだ。

さて、八〇年代の始め頃までは、こうした民族ジョーク本を方々の書店で見かけたものであるが、その後、九〇年代の終わり頃までに、こうした本がイギリスの書店から姿を消してしまったのである。ただし、PC運動の行き過ぎ（筆者注―例えば、fat［太った］の代りにhorizontally challenged［水平方向に障害のある］などというおかしな表現が生まれた）に対する反発もあって、近年、再び民族ジョーク復活の兆しがみられる。ちなみに、昨年、単行本として公刊された日本人についてのジョーク集は、わが国で数十万部の売れ行きをみせている。

◎「有色移民は、雇用者によって白人と同じように扱われていますか」

アフロ・カリブ人の六七％が、「白人より悪い扱いを受けている」と答えている。このテーマについては、前章で具体例を挙げて詳しく述べたので、ここでの検証は割愛する。

◎「有色移民は、警察によって白人と同じように扱われていますか」

アフロ・カリブ人の実に七五％が、「白人より悪い扱いを受けている」と答えている。これは、黒人を逮捕したり取り調べたりする際の手荒い扱い、さらには、白人より数倍（所によっては約六倍）も多いと言われている路上での職務質問（stop and search）などが原因だと考えられる。

なお、この質問に対して、白人とアジア人の約五割が、「有色移民は、白人より悪い扱いを受けている」と答えているが、このことについても前章で詳しく検証済みである。

こうした警官の人種的偏向について、ガーナ人アーネスト・エイドゥー氏は、次のような意見を述べている。

◇「この国の警官は、相手が黒人だと意地悪をしますね。黒人とみれば呼び止めますから。私は『こんにちは、おまわりさん』って言うことにしているのです。おまわりさんと言っておけば大丈夫なのです。私は口論が嫌いなので、何を言われてもハイハイと言うことにしています。『(私が）何かしましたか？』くらいのことは言うかもしれませんけどね。黒人だったら、警官に呼び止められるのをいちいち気にしてはいられません。特にレンタカーなんかのまともな車に乗っていたら、すぐですよ。彼らは、それが個人の車かどうかを知りたがって、ばかげた質問をするのです。『どうやってこんな車が買えたのだ？』とか何とかね」

彼の発言には、警官の人種的偏向に対する義憤というよりは、むしろ諦観の境地が感じられる。これも、現実にうまく処すための知恵ということだろう。

また、現在、イギリスを代表するサッカー・チーム、マンチェスター・ユナイテッドで、名実ともにトップ・プレイヤーとして活躍しているリオ・ファーデナンドは、まだデビューしたばかりの当時を振り返って、こう語っている。

◇「僕は、そのころウェストハムと契約を交わしたばかりだったが、そのとき手に入れたお金で、いい車を買ったんだ。ところが、その車を運転していると、何度も警察に呼び止められ、嫌な思いをしたよ。しかも場所は、僕の生まれ育った南ロンドンのペッカムだ。一週間に、三、四回は呼び止められたものだよ。しかも、そんな状況が三ヶ月続いたね。ひどいときなんかは、警官に呼び止められて、その一〇分後には、また別の警官から声をかけられたりしたよ。こんな感じで聞かれるんだ。『この車はどうしたんだ』、『どこからそんな大金を手に入れたんだ』、『家はどこだ』というふうにね。そして、『仕事は?』、『前科者か?』、『ドラッグディーラーか?』などと続くのさ」

(*LONDON FOOTBALL LIFE*, August 2005)

ロンドンのペッカムといえば、有色移民が多く住みついている貧困地帯だ。強盗、盗み、麻薬の売買など、さまざまな犯罪が多い危険地帯だと言われている。

筆者もダブルデッカーを利用して、一度だけこの街を訪れたことがある。そのときの印象では、かつてのブリックストンと同じように、黒人の姿が目立った。おそらく、街で見かけた人々の六、七割は、黒人だったように思われる。いずれにせよ、そうした犯罪の多い貧しい地域で、若者が高級車を乗り回せば、警官の職務質問もことさら厳しくなるのだろう。しかし、何度も執拗に呼び止められ、露骨な質問を浴びせられる有色人の側からすれば、そこに警官の人種的偏向を感じたとしても無理はない。

◎「有色移民の子供たちは、教員によって白人と同じ扱いを受けていますか」

アジア人の七四%、白人の六一%、アフロ・カリブ人の四八%が、「そう思う」と答えている。これは、警察や企業などの他の機関に比べて、学校の信頼度が高いことを意味している。しかし第八章でも触れたように、一部の教育現場、特に黒人の生徒が多い都市部の学校では、教師と彼らとの間にさまざまな人種摩擦が発生しているということもまた事実である。

◎「有色移民は、法廷によって白人と同じように扱われていますか」

白人とアジア人の五割強が、「そう思う」と答えているが、アフロ・カリブ人の六割弱が、「有色移民は、白人より悪い扱いを受けている」と答えている。法の番人である検事や裁判官が人種差別的だと思われていること事体問題だろう。

以上を総合すると、この調査が行われた時点（一九九一年）で、差別されているという意識が最も強いのは、アフロ・カリブ人ということになる。しかし、特に、二一世紀に入ってからは、イスラム原理主義者による二〇〇一年九月の米同時多発テロ、二〇〇四年三月のマドリッド列車同時多発テロ、二〇〇五年七月のロンドン地下鉄同時多発テロという流れの中で、イスラム教徒に対する警察当局や一般人の不信感が一段と強まっている。したがって、現在、人種差別の被害を最も強く意識しているのは、パキスタン人を中心としたイスラム教徒であると考えられる。

◇「あなたは、同じ人種・民族同士が結婚すべきだと思いますか」

白人が賛成三〇％・反対三〇％、アフロ・カリブ人が賛成二〇％・反対二〇％、アジア人が賛成三〇％・反対三〇％となっており、三つのグループ間に大差はみられない。これは、異人種・異民族間結婚に賛成でも反対でもないという人々が多いという見方もできる。ただ、第九および第一〇章で検証したように、特に若い人々の間で人種にこだわらない自由な考え方が芽生えてきたとはいえ、まだ全体的には、年配層を中心として有色人との結婚に反対する人が多いとみてよいだろう。なお、インド人やパキスタン人の若者については、親が決めた許婚と結婚するケースが多くみられる。

◇「あなたは、アジア人のほうが白人よりもよく働くと思いますか」

アジア人の七割近く、そして白人とアフロ・カリブ人の五割近くが、「そう思う」と答えている。アジア人、特にインド人は商売熱心で、ビジネスの分野で成功を収める者が多い。ちなみに、ケニアやウガンダから政治難民としてやってきた裕福なインド人は、「アフリカのユダヤ人」と呼ばれている。なお、イギリス人の勤労意欲の低さについては、サッチャー元首相がこの国にアメリカや日本型の競争原理を取り入れ、さらにメイジャー首相、および新労働党のブレアー首相がこの路線を継承したためかなり改善されたが、まだアメリカ人や日本人のレベルには達していないようだ。ちなみに、イギリスの会社員は、管理職は別として今日でも退社時間になれば、さっさと帰宅してしまうという。なお、フランスのサルコジ新大統領も、日米型競争社会の実現を意図している。

◇「あなたは、移民がイギリスにおける生活の質を豊かにしたと思いますか」

アフロ・カリブ人とアジア人の約六五％が「そう思う」と答えているのに反して、同じように答えた白系イギリス人は三〇％しかいない。この比率からも、一般の白人が、有色移民の努力をあまり評価していないことがわかる。

ちなみに、この調査からさかのぼること一五年前（一九七七年八月）のギャラップ世論調査によれば、「有色移民は、イギリスの経済にとって利益になりましたか」という質問に対して、「そう思う」と答えた人は、わずか二〇％未満に過ぎなかった。またこれとは逆に、回答者の約半数が、「有色移民はイギリス社会に害を与えた」と答えている。二つの調査結果を単純に比較することはできないにしても、大まかな見方をすれば、この一五年間に有色移民に対するイギリス人の評価が一〇％上がったことになる。しかし、大局的には、長年にわたり彼らに対するイギリス人の評価は低かったとみてよいだろう。

◎「付き合いは、同じ人種同士だけにすべきだと思いますか」

六割の白人、八割のアフロ・カリブ人、七割のアジア人が、「そうは思わない」と答えている。したがって、この点では三つのグループが、多民族社会を前向きにとらえているとみてよいだろう。特に、若い世代はこの傾向が強いようだ。

◎「あなたの隣に異人種が住んでも気にしませんか」

白人の六二％、アフロ・カリブ人の九〇％が、「気にしない」と答えている。特に白人について、この数字を一九五〇年代から七〇年代と比べれば、隔世の感がある。当時は、大半の白系イギリス人が有色移民に対して、今日よりも強い違和感や不信感を抱いていたからである。

このことに関連して、ＣＡＲＦが公刊した小冊子『サウソール―黒人社会の誕生』（*SOUTHALL – THE BIRTH OF A BLACK COMMUNITY,* 1981）は、一九五八年の状況を、次のように述べている。

「当時、黒人が貸家を見つけることは、非常に困難であった。彼らの労働によって利益を得ている企業、あるいは区役所は、黒人のために住居を提供することなどまったく考えていなかった。また、喜んで彼らに部屋を貸す人などほとんどいなかったし、住宅を購入する資金を持っているアジア人や西インド諸島人は非常に少なかったのである。ちなみに、次の広告は、一九五八年に、不動産紹介所の店先に掲示されていたものである。

『貸し室あり。上品な寝室兼用の居間で、地下のキッチンに調理器具完備。会社勤めの男性、または女性向き。きちんとした人だけが入居できる。有色人は、ご遠慮ください』」

もちろん、今日、このような人種差別は、明らかな法律違反であるが、当時は堂々とまかり通っていたのである。

なお、一九七〇年代の新聞には、こんな投書もみられた。

◇「レスター市、大手ニットウェア会社の若い支配人は、先週、新開地に建てられた一一〇〇ポンドの一戸建て住宅を買うという契約を二日以内に交わすところだったが、そのときすでに両隣の家がアジア人によって購入されていたことがわかった。『建築業者はこの事実をもみ消そうとしましたが、残念ながら、私はこの契約を延期しました。これまで自分が人種差別主義者だと思ったことはありませんでした。ですから、インド人の家族がどちらか一方に来るというのなら気にしないのですが、両隣ときたんでは、まあ、それは特殊部落ということになりますからね』と彼は語った」（巻口勇次『イギリスの実像を求めて』）

ここには、計からずも当時のイギリス人の本音が顔をのぞかせている。ちなみに、レスター市人種関係委員会の専門官ポール・ウィンストン氏は、居住区に関する人々の意識の変化について、次のように説明してくれた。

◇「一九六〇年代は、ビートルズに代表されるように変革の時代でしたが、いろいろな形でヴィクトリア王朝時代の保守性を引きずっていました。例えば、同年代の半ば頃までは、『貸し部屋あり』の広告に、『ただし、黒人はお断り (No Blacks)』とか『インド人はお断り (No Indians)』などと書いてありました。また、黒人を入れないパブさえありました。しかし、このようなことは、今では考えられません」

実際、レスター市の移民街ビダルフ通りにあるウィンストン氏宅周辺の人種模様を眺めてみると、玄関に向かって右隣三軒は、それぞれバングラデシュ人、カリブ系黒人、パキスタン人の世帯、また、左隣二軒は白人世帯だが、そのまた隣はパキスタン人世帯となっていた。一方、通りの向かい側には、バングラデシュ人が、また彼の家の裏手には、ソマリア人が住んでいるといった具合だった。しかも、お互いのコミュニケーションはよく取れていて、コミュニティーとしての連帯感も保たれているということ。

先に挙げたポーリンスカ氏（ポーランドから移住してきた白人）も、「六〇年代頃までは、隣家にインド人や黒人が引っ越してくると白人は嫌がったものですが、今ではそうした傾向は薄らいできています。現に、私の家の両隣にはインド人が住んでいますが、まったく気にしていません」と話してくれた。

以上のことは、全般的な傾向だと考えてよいが、都市部と郊外、大都市と田園地帯などによって、かなりの違いがあることも忘れてはならない。例えば、今日でも、有色人がほとんど住んでいない地方の小都市、または郊外の高級住宅街に黒人一家が移り住めば、白人の側からかなりの抵抗があるだろう。

◎「イギリスの反人種差別法をどう思いますか」

前述のとおり、この調査が行われたときまでに、人種関係法が六八年と七六年の二回にわたって改定されたが、三つのグループの中で「厳しすぎる」と答えた者はそれぞれ一〇％以下だった。また、アフロ・カリブ人の六〇％、アジア人の五〇％が、「生ぬるいと」と答えている。これは、普段から差別を受けている側として、当然の反応だろう。

◎「イギリスに住んでいる有色人の人口は、どれくらいだと思いますか」

三つのグループとも、実際（二〇〇六年の時点で推定四〇〇万あまり）より多い数を挙げている。特に、白人は、有色人がすでに多すぎると考えているためだろうか、回答者の平均で七〇〇万という数字を挙げている。

◎「明日、総選挙があるとしたら、投票に出かけますか」

白人の八六％、アジア人の八三％が「必ず出かける」、または「出かける可能性が高い」と答えている。そして、一番低いアフロ・カリブ人でも六八％に達している。これは、日本人の投票意識と比べれば、抜群の高さである。

◇「明日、総選挙があるとしたら、保守党と労働党のどちらに投票しますか」

白人の支持者は両党に等しく四〇％ずつ分かれているが、有色移民は圧倒的多数が労働党を支持している。白人については政局次第でこの比率が変化するが、有色移民には一貫して労働党の支持者が多い。それは取りも直さず、有色移民が、彼らの利益を代弁してくれるのは、保守党ではなく労働党であると考えているからに他ならない。

以上、この世論調査で確認したような傾向は、二〇〇七年の現在においても基本的には変わらないとみてよいだろう。ただ、筆者としては、他民族の排斥と多民族・多文化主義といった相容れない動きは、互いにぶつかり合いながらも数百年単位の長期スパンでみれば、おおむね相互理解に基づく共生と融合に向かって進展するものと考えている。前述のとおり、食文化、服飾文化、音楽、およびスポーツなどの分野では、すでにこのプロセスが顕著である。

第一七章　有色移民同士の人種・民族関係

この章では、イギリスにおける有色移民同士の複雑な人種・民族関係を明らかにしたい。これには、それぞれの移民が抱えて入る政治・経済的背景の他に固有の宗教や文化が深く関わっているだけに、一筋縄では解決できない問題が多い。

さて、『現代のイギリス』(*Modern Britain*, 1987) の著者E・ロイルは、この問題の鳥瞰図を次のように描いている。

◇「これらの相対的には少数だが肌の色ゆえに非常に目立つ少数民族の存在によって、イギリス社会に引き起こされる緊張は複雑なものである。

イスラム教徒、シク教徒、そしてヒンズー教徒は、それぞれが集団をなして別々に生活しており、かつてのアイルランド人と同じように、この国に悶着の種を持ち込んだ。

亜大陸北部出身のインド人は南部出身のインド人を軽蔑し、ケニアからやってきた中流階級のアジア人（筆者注―主としてインド人）はインドから直接やってきた社会的に地位の低い同胞とは距離を置いている。また、西インド諸島やアフリカからやってきた黒人は、自分たちには許されない資本を掌中に収めているようにみえるインド人商店主—彼らはアフリカのユダヤ人と呼ばれている—に対して不信感を抱いている。

彼らは、文化の面でも互いにこの国で多数派を占めている白系イギリス人と同じくらい隔たっているのだが、イギリス文化を豊かにしあう機会と一九八〇年代におけるさまざまなグループがいまだに何とか解決しようと取り組んでいる爆発的な文化融合の機会との両方を、この国に提供している」

ここでロイルは、いくつかの重要な問題点を指摘している。

先ず、南アジアや西インド諸島などからイギリスにやってきた有色移民は、白系イギリス人と肌の色が違うため、大変目立つ存在であるということだ。彼らは、こうした肉体的な特徴ゆえにイギリスの国籍を取って英国人（British）にはなれても、白人としてのイギリス人、またはイングランド人にはなれないのである。

要するにその意味で、彼らが置かれた状況は、アイルランドやポーランドなどから移住してきた白人とは違うのである。さるインド人が筆者に向かって、「私たちは何年たっても、本当の意味でのイングランド人（English）にはなれないんです」と語ったことが、今でも私の心に焼き付いている。

しかし、白人の移住者とて、同じ悩みを抱えていることを忘れてはならない。すなわち、彼らが一

○○%イギリス人になれるかというと、そうではないのである。ハンガリーからこの国に移住し、長年にわたる努力の末、ユーモア作家としての地位を築いたジョージ・ミケシュは、「これは、長年イギリスに住んでみて感じたことだが、私はイギリスに帰化して英国人（British）にはなれても、イギリス人（English）にはなれないことがわかったのです」と述懐している。

同様のことは、外国人はおろか、ウェールズ人やスコットランド人についても言えるだろう。ちなみに、中年のイギリス人女性と思われるメアリー・ケニーは、イギリス人（イングランド人）のイギリス人たる所以をユーモラスなタッチで、次のように述べている（*Readers' Digest*）。

◇「いわゆる英国人（British）ではなく、イギリス人としてのイングランド人（English）とは、どんな人なのでしょうか。以下は、イギリス人である私が、これまでにたどり着いた結論です。

すなわち、イングランド人であるということは……

決して、食堂で騒ぎ立てたりはしないこと（筆者注―彼女は、陽気で料理の味にうるさいフランス人やイタリア人のことを念頭に置いているのだろう）、ウェールズ人を信用しないこと（筆者注―ウェールズは、最もイギリス化が進んだ地域だと言われているのだが……）、スコットランド人を尊敬してはいるが、彼らを『スコッチ』などと呼んで、当惑させていること（筆者注―ウェールズと同じようにスコットランドも、かつてイギリスに併合されたのだが、今日でもスコットランド人のプライドは非常に高く、イングランド人に対する対抗意識が強い。そして近年、スコットランド議会はますますその独自性を強めている。だが、イングランド人のほうは、彼らがけちで大酒飲みだなどという民族ジョークを創作して、悦に入っている。なお、『スコッチ』とはウイスキーのことで、スコットランド人を指すときには、スコッツマン〔個人・男性〕、スコッツウーマン〔個人・女性〕と言う。また、集合的に呼ぶときには、ザ・スコッツ、あるいはザ・スコティッシュと言う）、アイルランド人には、いつも迷惑していること（筆者注—かつては、パブで酔いつぶれているアイルランド人労働者が多かった時代もある）、ゆめゆめ他人の服装をあざ笑ったりしないこと、（筆者注—個人主義の立場から、他人の生き方に干渉しないという哲学を持っている）、フランス人を嫌ったり崇拝したりしていること（筆者注—イギリス人とフランス人との『愛憎関係（love-hate relations）』は歴史的な事実としてよく知られている）、自分自身についてのジョークを言うこと（筆者注—私の限られた経験から言っても、このことをユーモア好きのイギリス人に尋ねてみると、たいてい「イエス」という答えが返ってきた。ちなみに、落語、漫才、川柳などを好む日本人にも、同じような傾向が認められる）、自分は不可知論者（筆者注—神の存在は、わからないと考えている人）だと明言するくせに、一般祈祷書を愛読すること、子供が二・五人いること（筆者注—今や日本人の出生率は一・二五人に落ちてしまった）、奇妙なユーモアが大好きであること（筆者注—イギリス人は変人・奇人の奇妙な言動がことのほか好きである）、高邁な哲学なんかよりも、クリケットの得点のほうが気になること（筆者注—昔からビジネスの才に長け、実利的傾向の強いイギリス人は、ドイツ人の観念哲学やフランス人の恋愛至上主義をからかうのが好きである）、ボーンマスで余生を送ること（筆者注―ボーンマスは、イングランド南部ドーセット州の都市で、気候が温暖なことから中高年者の保養地として人気が高い）、慈善事業に気前のよいこと。特に、海外で災害が発生したときには（筆者注―そうした場合、イギリス政府やＮＰＯは、真っ先に救援物資を送ることで知られている）、自分は外国語を一言もしゃべらないくせに、外国人が英語のメニューやホテルの案内書を読んだり手紙を書いたりするときに間違えたりすると、おかしいと思うこと（筆者注―イギリス人は、外国人がみんな英語を話してくれるので、外国語を学ぼうとする意欲が極めて乏しい）、日曜日に車を洗うこと（筆者注―しかし、街の通りでは、古くて薄汚れた車がかなり見かけられる）」

さて、本論に戻って、Ｅ・ロイルが指摘した第二のポイントは、南アジアからの有色移民同士は宗教や文化の際立った違いによって、それぞれが別々に集住していることである。

パキスタン人とバングラデシュ人は、それぞれのイスラム教徒のコミュニティーで、また、インド人は、シク教徒とヒンズー教徒のコミュニティーで、それぞれが別々に暮らしているのだ。このことは、キリスト教徒の多い西インド諸島やアフリカからの黒人移住者についても同様である。

こうした人種・民族のモザイク模様は、移民の多いロンドンを筆頭に、バーミンガム、レスター、ブラッドフォードなどでもみられる。ここで問題なのは、地域によって互いの間に反目と不信感が根強く、十分な交流がみられないことである。特に、ブラッドフォードやバーミンガムでは、その傾向が強い。つまり、イギリスではまだ、南米の国々にみられるような「人種の坩堝（melting pot）」の段階には達していないのである。

第三のポイントは、経済格差が生み出したお互いの反目と差別意識である。具体的には、ロイルも指摘しているように、比較的豊かな北部出身のインド人対貧しい南部出身のインド人、ケニアやウガンダからやってきた中流のインド人対インドから直接やってきた下層階級のインド人、そして西インド諸島やアフリカからやってきた黒人対アフリカで財を築いたインド商人、という対立の構図である。

さて、これらの有色移民は、以上のような問題を抱えているにもかかわらず、互いの文化を融合させることによって、イギリスの文化を豊かにしようと努力していることも忘れてはならない。

この点に関しては、特に九〇年代以降、この国に互いの文化を認め合おうとする多文化主義（multi-culturalism）の傾向が強まったことをみても、かなりの成果が挙がっているとみてよいだろう。しかし、前述したように、一九九一年の世論調査によれば、「移民によって生活の質がよくなった」と答えた白系イギリス人がわずか三〇％に過ぎなかったことを考えれば、異文化融合の成果は決して十分とは言えない。

ここで、バーミンガムにおけるパキスタン人とソマリア人の人種関係についてみる。筆者は、現地調査のため二〇〇四年八月にこの多民族都市を訪れたので、そのとき得た情報をもとに両者の人種関係について報告したい。

ある日、同市の人種関係委員ポール・グラント氏が、私をバルサル・ヒース地区に案内してくれた。社会学の修士号を持つグラント氏は、ジャマイカ人の父と白系イギリス人の母との間に生まれた混血である。彼はまた、長年にわたりロンドンやバーミンガムで、人種問題に取り組んできた専門家でもある。

バルサル・ヒースは、パキスタン人街とソマリア人街が隣接している地区である。

私とグラント氏が同地区の軽食堂で待っていると、二人の若いパキスタン人が姿を現した。二人は兄弟で、兄のヤシン・カーンは雑貨店の経営者、弟のユニス・カーンは中学校の体育教師ということだった。

私は、食後のティータイムに、この兄弟とグラント氏の三人からバルサル・ヒースにおけるパキスタン人とソマリア人との人種関係について、いろいろと聞き出すことができた。

このとき得た情報を要約すると、概ね次のとおりである。

一九六〇年代から七〇年代にかけて、いわゆる連鎖移民の形でこの地区に住み着いたパキスタン人は、これまで白人によるさまざまな人種的嫌がらせや差別に出遭いながらも、それに屈服することなく一歩一歩着実に自分たちの生活基盤（resources）を築いてきた。それは、住居、仕事、医療、教育環境、ビラダリーと呼ばれるコミュニティー内部での互助活動、モスクや補助学校を軸としたイスラム教の普及活動など、日常生活全般に関わるものである。

この過程で次第にパキスタン人の数が増えてくると、白人たちは、徐々にこの地区を去ってゆき、今ではほとんど姿を消してしまった。しかし、この地区に残ったイギリス人や、仕事の関係で外部からやってくる白人たちとパキスタン人とのコミュニケーションは概して良好である。

しかしそうは言っても、ペッキング・オーダー（人種や階級による序列）の頂点に立つ白系イギリス人は、一般に有色移民とは距離をおき、ビジネス以外の私生活面で、彼らのほうから少数民族に近づいてくることは少ないという。残念ながら、イラン、東南アジア、ブラジルなどからの出稼ぎ労働者に対しては、日本人にもこれと同じ傾向がみられるようだ。

さて、そうした状況の中、九〇年代になるとイギリス政府から政治難民として認められたソマリア人が、この地区にやってきた。そこで問題となったのは、後からやってきた彼らがパキスタン人の生活基盤を侵食し始めたことである。今日でも尾を引いている両者間の不協和音は、これがそもそもの原因である。

もう一つ、軋轢の原因として忘れてならないのは、文化の問題である。文化というからには、両者の歴史、宗教、生活習慣、言葉などすべてが関わってくる。

一例を挙げれば、パキスタン人が信仰するイスラム教とソマリア人のイスラム教とは、異質な部分が多すぎて互いに理解しあうことが困難だという。

また、互いに自分の地区内にいる限り、生活全般にわたってまったく問題はないのだが、ひとたび相手の地区に入ると、言葉や生活習慣が違うため、さまざまな不都合やもめごとに巻き込まれるとのことだった。したがって、相手の地区から足が遠のくことになる。こうした断絶が、両者の間にさらなる不信感を生むという悪循環に陥っている。

両者の不信感が象徴的に表れるのは、若者同士の対立である。パキスタン人とソマリア人の若者の対立は、しばしば路上での乱闘騒ぎに発展することもある。

さて、その日、私はカーン兄弟の車で、ソマリア人街を案内してもらった。うらぶれたテラスハウス（筆者注―長屋形式の住宅）の戸口という戸口には、多くのソマリア人が、ぼんやりとたたずんだり、腰を下ろしたりしていた。彼らは、私たちの車が通りかかると、いっせいに鋭くいぶかしげな視線を投げかけた。

ヤシンの説明によれば、彼らのほとんどは失業者とのことだったが、その身なりからも街全体の雰囲気からも、一様に「貧しさ」が感じられた。筆者はそのとき、図らずも豊かな先進国イギリスの影の部分を垣間見る思いだった。

さて次に、両者とも黒人同士である西インド諸島人とソマリア人との人種関係に目を向けるとしよう。舞台は、バーミンガムから南ロンドンと西ミッドランドに移る。

「デイリー・メール」紙（二〇〇四年八月九日付）は、「過去五〇年間で最悪の人種摩擦」と題した見出しで、ダーカス・ハウ氏の記事を掲載している。これによれば、近年、アフロ・カリビアンとソマリア人、およびパキスタン人と西インド諸島人との人種関係は、最悪の状態だというのである。

ハウ氏は、一九六〇年代に西インド諸島の一つ、トリニダード・トバゴから移民としてイギリスにやってきた黒人ジャーナリストで、一九七〇年代から八〇年代にかけて、人種差別に反対する過激な活動家として注目を集めた人物である。

記事によれば、状況は以下のとおりである。

「昨日、ベテランの黒人活動家ハウ氏は、イギリスにおける人種的緊張がこの五〇年来、最悪の状態にあると語った。ダーカス・ハウ氏は、遠慮なく自説を主張することで知られているが、南ロンドンでは、西インド諸島人グループとアフリカ黒人グループとの間に、また、西ミッドランドでは、パキスタン人と西インド諸島人との間に、暴力と互いの憎悪が顕在化していることを指摘した。彼の結論はこうである。いまや、近年の移民とすでに数十年かけて足場を築いてきた移民との間の敵意は、大半を占める白系イギリス人と少数民族集団との間の相互不信より、さらに悪い人種間の暴力を生み出している」

すでに述べたように、有色移民が多く住み着いているロンドンのブリックストンやハックニー、バーミンガム、レスター、ブラッドフォードなどでは、白人、特に右翼系の白人と彼らのシンパの若者による人種的嫌がらせが多発している。また、「ニューアム人種監視委員会」の理事シリウス・ヴィクター氏の証言によれば、警官の中には有色移民に対して人種的偏見を抱いている者が多く、彼らが路上で職務質問を受ける頻度は白人より圧倒的に高い。だが、ハウ氏の見解によると、近年、少数民族同士の不信感と憎悪、そしてそれに基づく暴力行為はそれ以上で、正に最悪の状態だというのである。

さらに、ハウ氏は、自ら製作したテレビのドキュメンタリー番組「あなたは、誰を黒んぼと呼んでいるのか」（二〇〇四年八月九日）で、ロンドン南東部のウルウィッチとプラムステッドにおける西インド諸島人とソマリア人との間に殴打事件、ナイフによる殺傷、住居や店舗の襲撃、路上での乱闘などが増えていることを強調している。これらの地域は一九九〇年代の初頭以来、アフリカからの政治難民が、数多く住み着いた地区である。

以下では、ハウ氏と西インド諸島人の証言を紹介しよう。

彼のテレビクルーは、取材のための撮影中にソマリア人の地域労働者に襲われたが、彼はそのとき目の当たりにした状況を、「西インド諸島人とソマリア人との間の暴力は、これまでで一番激しいものだった」と証言している。

また、このテレビ番組の中で、ソマリア人の集団に自宅を取り囲まれたヒヤシンスという西インド諸島人女性は、こう語っている。

◇「私は、あの人たちがまたここへやって来るのではないかと、びくびくしています。彼らには、平和や愛というものの意味がわかりません。要するに、人の心というものがないんです。本当に、あ

H. ウォーターズ博士とロンドン人種関係研究所にて
(書棚には同所発行の専門誌 CARF が並んでいる)

の人たちは動物みたいなものです」
さらに、コンサート会場でソマリア人の集団に襲われ、重症を負ったアフロ・カリブ人の少年ジョビー(一六歳)は、ハウ氏の質問にこう答えている。
◇「ぼくは、彼らについての話をすると気分が悪くなるんです。あの人たちは人間のくずです。彼らは教養のある人々ではありません。彼らは黒人なのですが、ぼくたちとは違う種類の黒人です。ぼくにとって、あの人たちは汚物そのものです。ぼくたちは、汚物を処理しなければならないんです」
ハウ氏が伝えるように、アフロ・カリブ人のソマリア人に対する不安と憎悪は限界に達している。どちらか一方だけの証言では、いずれに非があるか断定はできない。しかし、少なくとも両者の間に、激しい対立感情があることだけは確かだ。

一方、ロンドン人種関係研究所のヘイゼル・ウォーターズ博士は、ソマリア人に対するハウ氏の報道に強い不満をもらしている。

彼女の見解によれば、これまで一三年間の長きにわたって無政府状態の内乱が続いてきた彼らの祖国で、ソマリア人たちが味わってきた悲惨な苦しみを考えれば、人々はソマリアからの政治難民に対して、もっと寛容な態度で接するべきだというのである。

周知のとおり、ソマリアは、イギリスとイタリアの植民地政策によって南北に分断され、今日まで長い間、部族による互いの抗争が絶えなかったという経緯がある。しかも、この国は、現在（二〇〇七年一月）再び内戦状態となっている。

彼女はまた、ハウ氏自身が人種関係の改善のためとはいえ、かつては暴力肯定の活動家だったことを指摘し、彼の報道姿勢に苦言を呈したのである。博士は、彼がメディアを利用して、ソマリア難民を一方的に非難することに強い不快感を示したのだ。

第一八章　難民を受け入れ自立させるための取り組み

(一) 地域社会融合パートナーシップ（Community Integration Partnership）による支援

このウェスト・ミッドランド地域における難民女性のための支援組織は、国（内務省）からの財政支援を受けて、二〇〇三年三月から活動を開始した。筆者は、二〇〇四年八月に人種関係委員ポール・グラント氏の案内でこの支援センターを訪れ、活動状況をつぶさに視察した。当日は、たまたま七、八名の受講生がパソコンの指導を受けていた。筆者はまた、プロジェクト・マネージャーのダリー・パネサーさんから、同センター設立の主旨や具体的な活動についての説明を聞くことができた。それを要約すると、以下のとおりである。

(1)　イギリス社会の一員になるための教育

このセンターで教えられる教科には、「イギリスと市民権」、「歴史と文化」、「メディア」、「イギリスの法律」、「よい市民になるための権利と義務」などがある。これらの授業では、全体的に釣り合いの取れた形で、難民女性の出身国の歴史や文化についても学ぶことができる。また、同支援センターに外部講師を招いて、一連のミーティングを開いたりしている。これは、難民女性に発言の機会を与えたり、司会を務めさせたりすることによって、彼女たちに自信をもたせるためである。こうした経験を通して、女性たちは、人々の前で自分の意見を述べたり、役人、ボランティア活動のリーダーといった責任ある立場の人々と人間関係を持つことが可能となる。

⑵　英語の授業と評価（ＥＳＯＬ）

英語の授業は、シティー・コレッジと連携して週に三回行われるが、受講生の人気が非常に高い。学生は、英語を理解する能力と会話力にしたがって、三つの能力別クラスに分けられる。すべてのクラスは市当局によって認定されたもので、受講生は会話、聞き取り、読解、作文の能力を試験の成績によって評価される。

⑶　自営業（self-employment）の奨励

バーミンガム起業連盟と連携して活動している組織ＣＩＰは、会社を設立したいと考えている団体や個人に援助の手を差し伸べている。次のコースは五月に始まるということだったが、その内容は、会社の設立に当たって、自信の創出、価格設定、キャッシュ・フロー、ビジネス・アイディアの開発、昇任、運営資金調達の援助とアフターケアーといったビジネスのあらゆる分野に及んでいる。

⑷　職探しについての助言

このプロジェクトは、「コネクションズ」という組織と連携して、メンバーの女性会員に職探しについての助言を与えている。具体的には、面接試験の受け方、願書の書き方などについて、一対一の面接指導を行っている。

(5)　パソコン操作法の指導

このセンターは、コミュニティーの有益な財産となっているパソコンの設備を備えている。市当局によって認定された三つの能力別クラスが開講されている。

(6)　気楽に参加できる催し（Drop In）

このセンターは、コーヒーを飲みながら気楽に参加できる催しを開いている。女性たちは、こうした機会に、自分が住んでいるコミュニティーや、その他のコミュニティーからやってきた人々と会ったり、絵や手工芸のクラスを楽しんだり、子供たちに物語りを聞かせたり、グループで学校を訪問したりすることができる。

(7)　地域連携プロジェクト（Link Up）

この連携プロジェクトは、地域の成人に英語と数学の力をつけようと考えているボランティア活動家のための地域に根ざした計画である。また、このプロジェクトは、国の「生活のためにスキルを（Skills for Life）」という戦略の一環であり、心ある人々に地域の成人学習者の手助けをすることを奨励している。

難民に対するこのような支援活動は、彼らが自立しイギリス人と生活を共にしていく上で、必要不可欠なものだと考えられる。日本においても帰国を果たした中国残留孤児、ブラジルやペルーなどからの出稼ぎ労働者の家族に対して、国や地方公共団体からのこうした支援活動が積極的に行われることが望まれる。

(二)　黒人女性ネットワーク（Black Women's Network）の試み

このネットワークは、少数民族に対する四二の支援団体の協力を得て、「いまだに社会の片隅にいる存在—黒人女性の問題を主要なテーマとして論ずる」（*STILL ON THE MARGINS-MAINSTREAMING BLACK WOMEN'S ISSUES*）と題した報告書を作成している。ここではしばらく、この報告書により、インド系女性も含む若い黒人女性の集団討論に目を向けてみよう。

この集団は、九人の若い黒人女性からなっていて、彼女たちの大部分は専門学校や大学の学生である。話し合われたテーマは、黒人女性の教育と雇用、さらには彼女たちが置かれた社会的、政治的状況など多岐に及んでいる。

(1)　黒人女性の教育

・教員は、黒人女性にあまり期待していない。
・教員から励ましの言葉がもらえない。
・自分が有色人だというだけの理由で、おびえさせられているように感じる。

・教育の場でも、自分が少数民族であることを実感している。
・予告なしに大学の授業料が徴収されるようになったので、お金を貯める時間的余裕がなかった。
・黒人女性にとって、学業と仕事との両立が困難である。
・現在通っている専門学校のコースには五〇〇〇ポンドもかかるので、教育予算をもっと増やして授業料を軽減してもらいたい。
・外国からの留学生に対する授業料が二倍に引き上げられたので、裕福な家庭の子女しかイギリスに留学することができない。
・したがって、多くの有色人女性は、母国の大学で勉強するようになった。

⑵　黒人女性の雇用

・今でも黒人女性に対して人種差別がある。
・いろいろな黒人女性の希望に合うような雇用の機会が少ない。
・ほとんどの場合、男性がトップの座に就いているので、この障壁を打ち破らなければならない。
・インド系の女性には、職業心理学の専門家がいない。
・自分たちは有色人の女性なので、満足な生活を送るためには、もっと勉強しなければならない。
・親は、私たち黒人女性に親と同じ貧しい生活をさせたくないと考えている。
・企業のはしご（出世街道）を上っていくと、そこには透明なガラスの天井（glass sealing）があって、黒人女性をさえぎっている。したがって、彼女たちは課長や部長の椅子を下の階から見上げることはできるが、そこまで昇っていくことはできない。

・今でも、職場内に黒人女性に対する人種差別がある。

・黒人女性は、権力から阻害されている。

(3)　社会的、政治的側面

・イギリス人は、インド系の女性を見ると、彼女が結婚を考えているか、あるいはすでに家庭の重荷を背負っていると考えがちである。

・インド系の女性は、親が決めた許婚と結婚させられるので、大学を出ても決まった人生を歩むことしかできない。

・インド系の女性は、自分たちの身体的特徴や個人的な容姿がイギリス社会でマイナスに作用していると考えている。また、彼女たちの個人的容姿が、イギリスのメディアに映るものにもそぐわないと考えている。

・白人と少数民族の双方は、互いの文化的差異について無知である。

・イギリス人は、彼女たち少数民族の肌の色を気にし過ぎている。

・イギリス人は、「インド系の若い女性は……」と決めつける傾向がある。

・権力の座に就いている人々は、物事を自分たちの都合で人種と結びつけて考える傾向がある。

(4)　教育を続けるか止めるかの決定に影響のある要因

◇助けになる要因

・自分たちを支えてくれる家族や友人がいること
・自分のやりたいことが試せる機会があること
・本人が高い志を持ち、積極的で偏見のないこと
・彼女たちの模範となる前例があること
・居心地のよい家庭環境があること
・本人に人間としての自尊心や自信があること
・彼女らがもっと勉強するように、励ましてくれる教師がいること
・物事を最後までやり遂げようとする決意があること

◇助けにならない要因

・パートタイムの仕事と勉強を両立させなければならないこと
・深夜におけるマリファナの服用
・経済的に余裕がないこと
・近親者と死に別れること
・異性との人間関係

・長期的な人生設計が立てられないこと
・仲間からのプレッシャー
・期限内に論文やレポートを作成するプレッシャー
・予定外の妊娠
・職業ガイダンスが受けられないこと
・自分がやりたいことについての支援を受けられないこと
・家庭の心配事のために、勉強が続けられないこと
・外出したり部屋探しをしたりすることに対する親からの過干渉

◇黒人女性が職を求める際の現実的な障害
・自分より多くの資格と経験を持った人々との競争
・周囲の人々や社会から適正な助言が十分に得られないこと
・自分は若いため、職業経験が不足していること
・黒人女性に対する雇用者の人種差別
・雇用者が、女性一般に対して差別感情を抱いていること
・雇用者が、少数民族の伝統的な衣装に対して偏見を持っていること

◇自分の将来についての夢

・会社を立ち上げて、刑務所の中や外にいる若者たちを支援したい
・テレビの司会者として働き、十分な資金ができたら、母に家を買ってやりたい
・弁護士になって、成功したい。当面の夢は、弁護士の試験に合格すること
・ファッションの分野で活躍したい。最終的には、ブランドの香水を開発して成功したい
・自分の美容院を持ちたい。最終的には、それをチェーン店に発展させたい
・コンサルタント業に就き、家で家族と一緒に生活したい

以上が、九人の若い黒人女性の生活と意見である。その中身を要約すると、おおよそ以下のとおりである。

(1)　教育については、①彼女たちは、教師や社会から将来を期待されていない、②経済的な理由で、教育を続けるのが困難である。

(2)　雇用については、①黒人女性に対する人種差別があり、雇用の機会が少ない、②企業のトップを男性が占めているので、女性は不利な立場に置かれている、③女性には、昇進の機会が閉ざされている。

(3)　社会的・政治的側面については、①雇用者は、アジア系の女性が家庭のしがらみに縛られていると考えている、②アジア人の女性は、自分たちの容姿や肌の色がイギリス社会にそぐわないと感じさせられている、③白人も少数民族も、双方の文化的差異について無知である、④白人は、アジア人

の女性に対してマイナスの先入観を持っている。

⑷　将来の夢については、①弁護士、テレビの司会者、経営コンサルタントなどの専門職に就いて活躍すること、②会社の経営者になって成功すること。

第一九章　多民族都市にみるさまざまな異文化摩擦

この章では、日常生活の中でみられる白系イギリス人と有色移民との異文化摩擦について考えてみたい。

元植民地から青い鳥を求めてこの国にやってきた有色移民が、在来の白系イギリス人とは異なった社会・文化的背景を背負っている以上、彼らを受け入れるイギリス人との間に、大なり小なりの異文化摩擦が生まれるのは自然の成り行きであった。そうした摩擦の中には、すでに解決済みのものもあるが、現在進行形のものやこれからの発生が懸念されるものもある。

ここに挙げる事例の大半は、筆者がレスターやバーミンガムなどでのフィールドワークで収集したものである。

一九五〇年代後半ごろまでは、主に西インド諸島からやってきた黒人たちのスカやカリプソといったビートの利いたにぎやかな音楽が、静穏な生活を好むイギリスの地域住民から騒音ととらえられ、しばしば問題となった。しかし現在では、初期のビートルズに代表されるロックと同様に広く白人社会に受け入れられている。ちなみに、ビートルズ初期の音楽が、雑音だと非難されたことはいまだ記憶に新しい。

一九六〇年代前半の頃、レスター市の警察官ゴードン・ブラッドレー氏の父親は、たまたまあるインド人の戸口で「卍（まんじ）」を見かけたが、彼はそれをナチのシンボルである鉤十字（卐）と勘違いし、戸口に現れた家の主に強く抗議した。しかし、そのインド人の説明によれば、「卍（まんじ）」は、ヒンズー教徒にとって、「幸せ」と「平和」の象徴であるとのことだった。その説明に納得した父親は、自分の非礼を詫び、彼と固い握手を交わして別れたという。ちなみに、日本の仏教でも、まんじを「功徳」とか「円満」の象徴と解釈しているようだ。いずれにせよ、このエピソードには、個人主義を尊重し全体主義を強く嫌うイギリス人気質が感じられる。

また、これも、まだ有色移民に対する理解が十分でなかった一九六〇年代前半の事例であるが、ある新聞の投書欄に「インド人のバス運転手には反対だ」という意見が載った。投稿者は、公共輸送機関にインド人を雇うと車内の雰囲気が悪くなるという理由を挙げていた。だが、異文化理解が進んだ今日では、このような時代錯誤は全く通用しないし、もちろん、反人種差別法にも抵触する。実際、今日では、有色人のバス運転手が当たり前のこととなっている。ちなみに、筆者が二〇〇四年の夏、ロンドンのロイヤル・ナショナル・ホテルから利用したヒースロウ空港行きのリムジンバスは、快活で話し好きの黒人が運転していた。

次は、レスターのホテルで知り合ったダブド・レーマン医師から聞いた話である。

彼はその日、友人に会うためにブラッドフォードからやってきたのだったが、ランチで私と同席した際に、こんな話をしてくれた。

六〇年代後半に、パキスタンの北部、カシミール地方の貧しい農村から移民としてこの国にやってきた父親のレーマン氏は、ブラッドフォードの繊維工場に就職した。

彼の昼食はいつも手弁当のカレーだったが、当時はまだカレーが普及していなかったため、白人労働者たちからその強烈な臭いに対してクレームがついた。仕方なくレーマン氏は、イギリス人のグループから離れ、工場の片隅で隠れるようにしてカレー弁当を開いたという。しかし、カレーの人気が高まった今日では、こうした問題はほとんど解消されている。今や、インドカレー店の数は、イギリス人の国民食と言われてきたフィッシュ・アンド・チップスの店をしのぐ勢いである。

なお、カレーの普及については、こんなエピソードもある。筆者が、国際理解教育を実践しているレスター市のシャフツベリー幼児学校を訪問したとき、そこでイギリス人とアジア人のコーディネイターを勤めていたインド人女性ラリタ・パーマーさんから、次のような話を耳にした。

◇「イギリスの人たちに私たちアジア人の文化をわかってもらうためには、食べ物、お祭り、そして言葉から入るのが一番よい方法です。ですから私は、キャビン現校長（彼女は前校長の妻）の許可を得て、学校給食の時間にカレーを料理して、イギリスの子供たちにも食べてもらいました。また、

シャフツベリー小学校の授業風景

放課後のコミュニティー・スクールでは、『世界の夕べ（One World Evening）』という催しを開いて、イギリス人の親たちに、デバーリと呼ばれるヒンドゥーのお祭りやカレー料理を紹介しました。これには、地域のインド人が大勢協力してくれました。そうした努力を二年間続けた結果、今では、イギリス人の父母や保護者の間でカレーが大好評です」

次は、ゴードン・ブラッドレー警察官から聞いたエピソードである。

七〇年代には、多くの厳格なシク教徒（strict Sihks）が宗教上の教義に則って短剣をわき腹にさして街なかを歩いていたが、これが市民の通報により警察沙汰となった。イギリスでは、二〇世紀初頭から、法律によって平時における武器の携帯が禁止されていたからである。しかし、ロンドンやバーミンガムなどの大都市を中心に多文化主義と国際理解教育が浸透した今日では、シク教徒による短剣の帯刀は、宗教上の教義に関わる例外として、社会的に容認されている。

ただし、筆者はこれまで合計二年半余りの滞英生活の中で、帯刀したシク教徒をついぞ見かけたことがない。おそらく、これは、厳格なシク教徒の数がごく少ないからだろう。

なお、シク教徒には、宗教上の教義に基づき長く伸ばした髪を巻き上げ、その上からターバンをかぶる習慣がある。このため、信仰の厚いシク教徒は、バイクを運転する際にヘルメットの着用を拒んだ。イギリスの交通法規に触れるこの問題は七〇年代前半ごろまで散発的に発生したが、当然、イギリスの世論は取り締まる側の警官に味方した。しかし、今日ではシク教徒に関する限り、ヘルメット着用の義務は、短剣の場合と同じように、宗教上の教義に関わる例外として大目にみられている。

さらに、同じくターバンとの関連で、あるシク教徒の警察官が勤務中に警官用ヘルメットの着用を拒みこれが問題となったが、多文化主義の観点から今日ではターバンの上に警察の徽章を付ければ、ヘルメットはかぶらなくてもよいことになっている。

以上の二つは、人種関係研究所員ポール・グラント氏から得た情報である。

次に、元校長だった人物の証言を紹介する。レスター市のファースト・スクール（筆者注―四歳から七歳までの児童を教育する学校）では、イスラム教徒のラマダーン（筆者注―イスラム暦第九月に行われる日の出から日没までの断食）との関連で昼の学校給食の際に問題が起こった。というのは、イスラム教の戒律により、信者はこの期間中、日の出から日没まで一切の飲食が禁じられているからだ。

幼い児童の健康を心配した学校側は、保護者と話し合った結果、児童が昼の給食をとることについて親たちの理解と協力を得ることができた。ただし、話し合いがうまくいった背景には、もともと子供、妊産婦、病人、戦場の兵士は、ラマダーンの断食を免除されるという慣習があったからだろう。

次は、新聞報道からの事例である。七〇年代の前半に、イギリスのタクシー会社がシク教徒を雇用した際、見た目の違いがもたらす乗客への心理的影響や衛生上の理由からひげと長髪とターバンを禁止したため、これが両者の間に異文化摩擦を引き起こした。しかし、今では前例と同じように、多文化主義の観点からこれらはすべて容認されている。ちなみに、現在、多民族・多文化都市レスターでは、タクシー運転手の八、九割が、エスニック・マイノリティーで占められている。

また、ライフスタイルの違いがもたらした異文化摩擦もある。前述のようにインド人やパキスタン人は、先ず、一家の稼ぎ手である男性が移民としてやってきて、住宅や仕事などの生活基盤が整うと、後から妻や子供や親戚を呼び寄せるという連鎖移民の形を取るのが一般的であった。その結果、一家の人数が増え、大家族が誕生する。さらにそこへ、大勢の親戚や友人が集まってきて、親密で賑やかな生活が始まることになる。こうしたアジア的なライフスタイルが、白系イギリス人の核家族と個人主義に基づく静穏な生活を脅かしたのである。

この問題は、有色移民のイギリス化が進むにつれて徐々に解消されつつはあるが、双方の生活習慣、伝統、文化などが絡んでいるだけに、完全な解決にはなお長い年月がかかるであろう。なお、香港やシンガポールなどからの中国系移民は、概ねイギリス型の静かなライフスタイルを好むため、隣人から苦情が出ることは少ないようである。

さらに、男女交際についてのしつけが厳しいイスラム教徒、シク教徒、ヒンズー教徒の文化と男女交際が比較的自由なイギリス型の文化との間に、しばしば異文化摩擦が発生している。そして、アジア系移民の家庭では、この問題が息子・娘対両親・祖父母という世代間ギャップの形で表出している。つまり、若い世代のアジア人は、イギリス型の自由な男女交際を望むのに反して、親と祖父母の世代は、宗教的な戒律や伝統的な慣習を重くみて、若者に自制を求めるのである。なお、ヒンズー教徒やシク教徒は、イスラム教徒に比べれば、西欧型のイギリス文化に適応する度合いが高いと言われている。

最後に、これは、南アフリカから移住してきた白系イギリス人ウィンズロゥ夫人から得た情報である。

一九九四年頃、ロンドンでイスラム教徒の祭典イード・ル＝フィトルが開かれたとき、あるイスラム教徒が宗教的な儀式に則り街の通りで羊を屠った。これは祭りを祝って、ハラール・ミート（筆者注―有資格の祈祷師によって、お祓いを済ませた神聖な肉）を家族一同で食べると同時に、その一部（筆者注―約三分の一）を貧しい人々に分け与えるためだった。ところが、この行為は市民によって警察に通報され、一家は駆けつけた警官から厳重に注意された。イギリスでは、路上で四足の動物を屠ることは、法律違反だったのである。

ついでながら、レスター市の職員バルビンダ・ジャットレイさんの説明によると、精肉会社がハラール・ミートを生産するプロセスは、次のようになっている。先ず、精肉会社が、有資格の祈祷師（イマーム）に依頼の電話をかける。すると、祈祷師がやってきて、所定の動物のお祓いを済ませたのち屠殺する。これでハラール・ミートの誕生である。なお、小規模の精肉店の場合は、有資格の店主が自らお祓いを済ませたのち、屠殺するのが一般的である。筆者は、イギリス人の知人ポール・ウィンストン氏をレスターのビダルフ街に訪ねたとき、店頭の看板に、ハラール・ミートと大書した肉屋を見かけたことがある。

さて、これまでに挙げたさまざまな事例が示すように、異文化摩擦には、比較的簡単に解決できるものと、そうでないものとがある。いずれにせよ、日々、グローバル化が進展する中で、二一世紀が摩擦と対立ではなく、平和で成熟した多文化社会に移行するためには、互いの文化や伝統に対する理解と敬意と寛容の精神が不可欠となるだろう。

前述のとおり、ロンドンを筆頭とする大都市の移民街では、人種と文化の共生と融合が、すでにいろいろな分野でかなりの程度まで進行している。一年半以上にわたりロンドンの移民街で生活し、その実態をつぶさに見聞した伊藤ひさえ氏は、自著『ロンドンの移民街を歩く』の中で、次のように述べている。

「かくして、私のロンドン移民街巡りは始まった。移民たちの多くは、他の人種の人たちと混ざり合って、それぞれモザイクの中の一片一片のようになって暮らしているが、また同じ民族同士が自分たちのコミュニティーを作って特定の地域に住んでいることも多い。そんなコミュニティーでは、宗教に基づいて生活していることが多く、それが、コミュニティー以外の人々の、食生活や生活習慣にも、さらには音楽やファッションへもと影響し、また他のものと混じり合い淘汰されてゆく。

私は、このごちゃ混ぜの部分のロンドンが大好きで、ロンドンにいた一年半の間、移民の町に住み、また別の移民街へ出かける、というようなことをやっていた。しかし、それは、単にロンドンにおいての彼らの生活を知ることだけでなく、世界中に生きるありとあらゆる人種や民族を知る第一歩でもあり、また人種に関わらず、今後様々なタイプの人間とどうやって共生していくかという問いかけでもあった」

第二〇章　イギリス駐日大使から届いた幸運のファックス

社会現象は、多くの場合、複雑に絡み合っている。決して、一筋縄で片付けることはできない。例えば、有色移民に対する差別や人種的嫌がらせと、彼らを受け入れ評価しようとする多民族・多文化主義は同時に進行しているのだ。

ここではしばらく、(社) 日本時事英語学会の年次大会における英国大使デイヴィッド・ライト卿の基調講演が実現するまでのいきさつ、大使にまつわるいくつかのエピソード、および公演の要旨を紹介する中で、この国の有色移民と白系イギリス人の人種関係（多民族・多文化主義）について考えてみたい。

一九九七年秋、日本時事英語学会は、その翌年に創立四〇周年の節目を迎えようとしていた。筆者が、第九代会長に就任してから二年目のことだった。

会長として当面の目標は、創立記念行事としての年次大会を成功させることであり、そのためには、大会初日の基調講演にしかるべきスピーカーを迎えることが重要であった。しかるべきスピーカーとは、その年、学会が掲げていた研究テーマ「英語メディアにみる地球時代の人種・民族関係」に精通した講演者という意味であった。学会運営に携わる理事会には、すでに何人かの候補者が挙がっていたが、いずれも「帯に短し、たすきに長し」の感があって、決定には至っていなかった。

しかし、タイムリミットは迫っていた。

その頃、たまたま近所に葬式があり、受付を担当した筆者は弔問客の応対に追われていた。その時、参列者の中から「きょうはご苦労様です。先生は、ここにお住まいでしたか」という声がかかった。声のほうに顔を向けると、新沼津カントリークラブの綱川社長が微笑みかけていた。彼は当時、七七、八歳だったろうか、かくしゃくとした好好爺だった。社長とのご縁は、私が同カントリークラブの別荘地にささやかなコテージを建てたのがきっかけだった。

長年、大学で教鞭を取り、イギリス地域研究をライフワークとしている筆者は、留学や研究調査のため彼の地へは一五回あまり訪れているが、コッツウォルズや湖水地方など、まるでおとぎ話に出てくるような村々の牧歌的な美しさにすっかり魅了されていた。それが、コッテージを持つに至った直接の動機と言ってもよいだろう。お陰さまで、妻は筆者のイギリスかぶれをあきらめてくれているようで、ありがたいことだと感謝している。

さて綱川氏は、香典袋を差し出しながら、ふと「あす土曜の午後は、久しぶりにイギリス大使がゴルフをやりに来られるので、今日は準備に追われているんですよ」と言った。

その瞬間、基調講演者の人選が気になっていた筆者の脳裏を、「ひょっとして、イギリス大使が……」という思いがよぎった。大英帝国の負の遺産とも言われる三〇〇万人を超える有色移民と彼らの二世、三世を抱え、日々苦悶している多民族国家からの大使ともなれば、学会の研究テーマ「英語メディアにみる地球時代の人種・民族関係」に精通しているに違いない、と考えたからである。

筆者は早速、隣の人に受付を代わってもらうと、綱川社長に創立四〇周年を翌年に控えた学会の事情を説明し、何とか大使が基調講演を引き受けてくれるように、仲介の労をとっていただけないだろうかと懇請した。

筆者の依頼を真剣に受け止めてくれた綱川氏は、「わかりました。大使の日程は、多忙を極めているので、首尾については何とも言えませんが、できるだけやってみましょう」と快諾してくれた。

筆者は、早速その日の午後、大使宛にこんな手紙を書いた。

拝啓、イギリス大使デイヴィッド・ライト卿殿、

本日、綱川社長からあなたへのご紹介が得られましたので、この手紙を書いています。

私は、イギリス文化研究に携わる大学教師で、現在、社団法人日本時事英語学会の会長を務めております。つきましては、来年一〇月、創価大学で開催される本学会創立四〇周年記念年次大会のキーノート・スピーカーをお引き受けいただけないでしょうか。

演題は、学会当面の研究テーマ「英語メディアにみる地球時代の人種・民族関係」に沿うものであれば、大使の選択にお任せします。大使からご承諾のお返事がいただければ、当学会としてこの上なく光栄に存じます。

本学会は、一九五九年に創立された文部省公認の学術団体で、長い伝統と実績を誇っています。ちなみに、慶応大学で開催された第五回年次大会では、駐日米国大使エドウィン・ライシャワー博士が、特別講演を行なっています。

現在の会員は、六五〇人あまりで、主に大学の教員、ジャーナリスト、商社マンなどからなっています。私たち会員は、英語メディアを通して地球規模の複雑多岐にわたる社会現象を研究しておりますので、貴国における白系イギリス人と有色移民との人種関係にも強い関心を抱いています。

末筆になりますが、雄大なあしたか山ろくに広がるゴルフコースは、必ずやあなたの国の緑濃いオープンスペースと、なだらかにうねる美しい田園地方を思い出させてくれることと拝察します。

この週末が、大使にとって楽しい一日になりますよう祈ります。

敬具

巻口勇次

筆者は、手紙を書き終えると、早速ゴルフ場に出向き綱川氏に託した。その際、最新の学会報と何冊かの学会誌を添えることも忘れなかった。

「これで、やるべきことはやった」という思いがあった。

しかし、一週間たっても二週間たっても、大使からの返事はなかった。筆者は、やはり無理な相談なのかとあきらめかけていた。

と、一五日目の夜、書斎のファックスがブーンとなり始めた。何気なくのぞいてみると、それは間違いなく、大使からのファックスだった。末尾には、大使直筆の見事な署名が入っていた。

拝啓、巻口教授殿、

一〇月一七日付けのお手紙をありがとうございました。

一九九八年一〇月には、貴学会創立四〇周年記念の年次大会が開催されるとのこと、心よりおめでとうございます。

さて、あなたからの講演依頼について慎重に考えてみましたが、喜んでお引き受けしたいと思いますのでお知らせいたします。

なお、講演の日時など細かい日程については、私設秘書のマクシーン・ハンター嬢にご連絡いただければ幸いです。

敬具

筆者は、これで四〇周年記念大会に弾みがつくと確信した。新沼津カントリークラブの会員で、大使と親交のある今井氏もこの企画の後押しをしてくれたと伺っている。ありがたいことである。

さて、学会は組織で動いている以上、この件については理事会に諮らなければならなかったが、筆者の提案はすんなりと了承された。議論の中で、「講演料は高額なのではないか」とか、「大使の警護はどうするのか」とかいった実務的な質問があったが、この二点については、私設秘書とのやり取りの中で、「講演料も警備も不要」という大使からの寛大な回答を得ていたので問題はなかった。

しかし、わが国の社会通念上、全くの「ただ」というわけにはいかないし、また、筆者の個人的な気持ちからしても、それでは申し訳ないと考えたので、然るべき金額の記念品と交通費を差し上げることになった。これについては、理事の方々も異論はなかった。

記念品を何にするかは筆者に一任されたので、あれやこれやと探し回り、結局、東洋的な絵柄とシックな彩色の花瓶に決まった。その大振りな花瓶は、確か有田焼だったと記憶している。翌年の夏、三人の理事が大使館のアフターヌーン・ティーに招待されたとき、その花瓶がサイドテーブルの上に飾ってあったという。ちなみに、正面の大きなマントルピースの上には何枚かの額に入った写真が立てかけてあったが、大使はチャールズ皇太子といっしょに納まった一枚のスナップ写真が特にお気に

日本時事英語学会創立40周年記念年次大会　英国大使D・ライト卿と学会理事

入りだったようだ。二人はケンブリッジ大学の先輩・後輩の関係だし、かつて大使は皇太子の副秘書官を務めていたというから、特別に親しい間柄なのであろう。

その日は、ブルーの制服を着た二人の給仕が、上流階級のしきたりに則ってアフターヌーン・ティーを注いでくれたという。残念ながら、筆者はこのとき大学の公務でイギリスのレスターに行っていたため、せっかくの機会を逃してしまった。

さて、大会初日、創価大学は、イギリス大使が来学するというので朝から軽い興奮に包まれていた。大使を出迎えるため、大学の事務局長と筆者を含めた学会の理事が、校門で大使一行の到着を待った。一行が到着したら、先ず大学当局が迎賓館で歓迎の意を表し、その後で学会が引き継ぐという段取りになっていた。

あれは、午後一時半近くだったろうか、大使夫妻の乗ったロールスロイスが、ユニオンジャックを秋風になびかせながらゆっくりと正門に近づいてきた。一行が車から降りると、筆者はこの記念大会のために貴重な一日（いや、講演の準備も含めれば、数日を要したことだろう）を割いてくれた大使に心からの謝意を述べ、固い握手を交わした。その手は、骨太でがっしりとしていた。

基調講演の演題は、「多元文化主義―イギリスの経験―」だった。

講演の要旨をまとめると、おおよそ以下のとおりとなる。

(1)　他の国々からイギリスへの移民は、過去数世紀にもさかのぼるもので、特別、近年に限ったことではない。

(2)　第二次大戦後、イギリスにやってきた元植民地からの有色移民とその子弟は、推計で三〇〇万人以上に達している。

(3)　今やイギリスは、ロンドンやバーミンガムなどの大都市を中心に、多民族・多文化社会になった。

(4)　有色移民がイギリスにやってきたばかりの五〇年代から七〇年代にかけては、人種差別や、それに基づく人種的嫌がらせが多かったことも事実である。

(5)　しかし、今日インド人や西インド諸島人などの少数民族は、政治、経済、スポーツ、医療、教育など多くの分野で、着実に地歩を固めつつある。

(6)　少子高齢化が進行している日本でも、ますます外国人労働者が必要となり、近い将来、多民族社会となるだろう。それにどう対処するかは、今後の日本にとって重要な課題の一つである。

大使の講演は、以上の項目について、多くの具体的な事例を示しながら、一つひとつ確認するというアカデミックなものであった。彼は一国を代表する大使としての立場から、当然イギリスという多民族・多文化社会の光の部分、すなわち政治、経済、文化、社会面における有色移民の貢献に焦点を合わせたものと思われるが、筆者自身、その部分に関する限り、事実を正確かつ克明にとらえた立派な講演だったと考えている。

ロンドンのエスニック街を探訪してみると、すでに有色移民の料理、ファッション、音楽、宗教、生活習慣といったものがそれぞれの地区にしっかりと根付いていることが実感できるし、周辺の白系イギリス人も彼らの生活文化を共生の視点から自然な形で受け入れていることが感じ取れる。一例を挙げれば、今ではヨーロッパ最大の規模となったノッティングヒル・カーニバルがある。これは同地区で毎年八月下旬のバンクホリデイ（筆者注―英国の法定休日で、土・日曜以外に年八回ある）に開催されるが、国内外の観光客も含め二日間で、実に一〇〇万人以上が訪れるという。

筆者は、一九九七年の夏、このカーニバルの呼び物であるコスチューム・パレードを目の当たりにして、その規模の大きさとパワー、さらには強烈な音楽と色彩に圧倒された。ノッティング・ヒル中心街の大通りを埋め尽くした観衆も、大音量の音楽に合わせて踊りながら行進してくるコスチュー

ノッティング・ヒル・カーニバル

ム・チームに目と耳を奪われていた。

踊りも、レゲエ、カリプソ、スカ、ヒップホップといった音楽も、アフロ・カリビアンの祭りに相応しく、陽気でリズミカルだ。注意して見ると、チームは二、三〇人のこじんまりしたものから、中には優に二〇〇人は超えると思われる大所帯もあった。大集団の場合は、何人かのメイン・ダンサーが、きらびやかな山車に乗って笑顔を振りまきながら踊っていた。音楽を奏でるバンドの中心となる楽器は、第二次大戦中にトリニダード・トバゴで生まれたというスティール・ドラムであった。軍隊が使用したドラム缶を再利用して作ったというあの独特な音色の打楽器は、このパレードには欠かせないものだろう。

ノッティング・ヒル・カーニバルの底抜けの陽気さとパワーは、白人社会から阻害され、現在、相対的に貧しい状態に置かれている有色移民が、謝肉祭に事寄せて彼らの鬱屈した感情を吹き飛ばそうとする代替行為なのかもしれない。しかし、また同時に、この陽気さとパワーが沿道を埋め尽くした白系イギリス人によって温かく受け入れられている様子を見ると、筆者は、改めてこのカーニバルの中に、多民族社会イギリスのダイナミックで明るい未来をみる思いがした。

ところで、大使の講演で強調されたイギリスにおける多文化主義や反人種差別への動きを、黒人とスポーツとの関連でみると、ポーランドからの移民ポーリンスカ氏の言葉が思い出される。彼は一つひとつ言葉を選びながら、こう話してくれた。

◇「一九六〇年代から七〇年代の始めにかけては、まだ黒人に対するイギリス人の偏見と差別感が強かったため、サッカーの試合に黒人選手が出ると、観客はサルの鳴きまねをしたり、『黒んぼは、ジャングルへ帰れ！』などと叫びながら、バナナを投げつけたりしたものです。しかし、八二年に、黒人の名選手が生まれると、情況は一変しました。この年から黒人選手が増え始め、今では、チームの二〇％から二五％が黒人で占められています。しかし、残念なことに、黒人の観客は、今でもサッカー場に出かけることをためらっています。それは、サッカーフーリガンやそのシンパたちからの人種的嫌がらせと暴力を恐れているからです。

また、この前、カナダで開催されたアトランタ・オリンピックでは、何人もの黒人選手がメダルを取りましたし、ヘビー級ボクシングのタイトルマッチでも、イギリスの黒人選手が世界チャンピオンになりました。こうした華々しい実績は、イギリスの黒人に自信を与える結果となりましたし、彼らはイギリスの国威を発揚したということで、今では人々からよそ者としてではなく、自分たちの仲間として意識されるようになってきたのです」

さて、大使の講演とそれに続いて行われたシンポジュームは、特集記事として「ジャパン・タイムズ」、「時事英語研究」、「イングリッシュ・ジャーナル」に掲載された。

このシンポジュームでは、武蔵野大学教授示村陽一氏の司会のもと、文教大学国際学部長宮本倫好氏と筆者がパネラーを務め、フロアとのやり取りの中で、英米における人種問題の類似点と相違点について議論を深めることができた。これもまた、今となっては、懐かしく得がたい思い出となっている。

第二一章　テロの発生とイスラモフォビア（イスラム教徒嫌い）

前述のとおり、イギリス在住のイスラム教徒に対する白系イギリス人の人種的嫌がらせは、彼らが多く住み着いているロンドン、バーミンガム、ブラッドフォードなどの大都市で、七、八〇年代から見られた。そして、その理由の一つは、肌の色や容貌からくる違和感に加えて、彼らがイスラム教の教義を頑なに守り、イギリスというキリスト教社会への同化を拒んできたからだと言われている。

レスター市の元人種関係委員ポール・ウィンストン氏によれば、一般の白系イギリス人は、有色移民を排斥するために積極的な行動を起こしているわけではないが、イスラム教徒に対してはかなりの違和感や不安感を抱いているようだ。実際、彼自身も、イスラム教徒は、キリスト教と個人主義に基づく欧米型のイギリス文化に馴染もうとはせず、ひたすらイスラム教の教義や伝統を守ろうとしていると感じているようだった。ちなみに、いまやイギリスの主な都市には、教会の数よりもモスクの数のほうが多いとさえ言われている。

こうしたモスクの中では、イマーム（イスラム教の導師）主導の熱心な礼拝と説教が行われている。

さらに、イマームは、正規の学校教育の枠外に、補助学校を設けて子供たちにイスラム教の教義や伝統を教えている。おそらく、こうした学校では、イギリス人の個人主義やそれから派生する自由恋愛、男女平等、女性の社会進出、核家族といった西欧型ライフスタイルは、批判的にとらえられていることだろう。

もちろん、シク教徒やヒンズー教徒の在英インド人にも同じような傾向がみられるが、イスラム教徒ほど徹底したものではないというのが大方の見方である。ビジネスに熱心なインド人は、相対的にイギリス文化への適応性が高いのだ。

一九九八年一〇月、日本時事英語学会創立四〇周年記念の基調講演で、デイヴィッド・ライト駐日英国大使が述べていたように、街角のコーナーショップ（筆者注—雑貨屋）、小規模な衣料店やレストランなどの経営から身を起こし、ビジネスで成功を収めたインド人は多い。ちなみに、レスター市の目抜き通りにあるパブは、いつもイギリス人客で賑わっているが、現在の経営者はインド人だということだった。

なお、その多くがキリスト教徒である西インド諸島からの黒人は、インド人にも増して、イギリス文化に馴染もうとする傾向が強いようだ。彼らが信じる宗教は、キリスト教の分派で、ペンテコステと呼ばれている。これは礼拝のときに、リズミカルで賑やかな手拍子、歌、踊りなどを伴うため、大方のイギリス人からは違和感を持たれているが、イスラム教に対するほどではないようだ。彼らはまた、アジア系の有色移民と違って、英語が堪能なため、それだけイギリス社会に適応しやすいという側面も持っている。実際『イギリスの総て』(*All About Britain*)の著者M・ファレルによれば、この国のアフロ・カリブ系黒人の約四〇%が白人と結婚しており、その比率はアメリカ人の一二倍だという。おそらくこれは、かつてアメリカの黒人が奴隷であったのに対して、イギリスの黒人は元植民地の盟友だったことと関係があるだろう。

さて、イギリス人の「イスラモフォビア」(イスラム教徒嫌い、Islamophobia)には根深いものがあるようだ。それは、特に、右翼グループやそのシンパによる人種的暴力と嫌がらせの中に象徴的に表出している。

一九九七年に、ヘルシンキ人権監視委員会(HRWH)が公刊した『イギリスにおける人種差別主義者の暴力』(*Racist Violence in the United Kingdom*, 1997)の中から、二つの具体例を紹介しよう。

パキスタン人のモハマド氏は、ヘルシンキ人種監視委員会の職員と面談した際に、近くに住む白人たちから受けた人種的嫌がらせと暴力について、こう語っている。

◇「この家の者は、みんな近所の白人に殴られたことがあります。私たちは、家を出るたびにつばを吐きかけられたり、身体を突き飛ばされたりします。彼らは、私たちに向かって、『くそったれのパキスタン人めが(Pakis!)、お前たちは、自分の国へ帰るんだ』とわめきます。彼らはまた、私たちの家にやってきて、玄関のドアを蹴ったり大便をなすりつけたりします。いつかは、台所のガラス窓を割ったこともあります。こんなことは、もううんざりです。私たちには、平穏な生活が必要なんです。英国国民党が選挙運動をやっていたときには、白人の若者たちがやってきて、うちの子供たちに向かって、『お前らは、俺たちの国に居座ってるじゃないか』と言いました。

また、あるとき子供たちは、学校の行き帰りに後をつけられました。ですから、子供たちは今、白人の男生徒たちを避けるために、午前八時三〇分に登校し、下校時には、先生が家まで送ってきてくれます。私たちはしばしば警察に電話をかけますが、警官は白人の少年たちがいなくなってからやっと姿を現すという始末です。ですから、彼らは、少年たちを見つけることができないんです。私たちは、いつもびくびくしながら生活しています。一歩家を出ると、安全ではないですからね」

彼の訴えに登場する英国国民党は、近年、ヨーロッパ大陸の諸国やイギリスの右傾化に伴って、勢力を伸ばしている右翼政党である。ここではしばらく、ロンドンのニューアム監視委員会が作成した小冊子『われわれの身近に潜む敵』（*THE ENEMY IN OUR MIDST*, 1995）により、その実態をみるとしよう。

「英国国民党の幹部は、しばしば、自分たちは法と秩序を守るまともな政党だと主張しているが、実際のところ、彼らはネオナチと考えを同じくする人種差別主義者の集団である。ニューアム監視委員会は、その根拠として、彼らが黒人の強盗を絞首刑にするためにすでに廃止されている死刑制度の復活を要求していること、彼らが露骨な人種差別を他の人々に押しつけようとする圧力団体であること、幹部の一人が一九九二月に『ガーディアン』紙とのインタヴューで、自分たちは一〇〇%人種差別主義者だと公言したこと、さらに、党の幹部は、自分たちがイギリスを擁護する民族主義者であると主張しているが、実は彼らがヒットラーやナチズムの擁護者だという十分な証拠があることを挙げている」

同誌は、これらのことは英国国民党の指導者たちが有力紙とのインタビューで語った言葉から明らかだと述べている。

さて、二つ目の事例は、一九歳になるパキスタン人の若者が一七歳の白人少年に人種的暴力を受けた事例である。

「ムックスタ・アーマドと五人の友達は、一九九四年二月八日にロンドンのベスナル・グリーン・ロードを歩いていたとき、双方向から近寄ってきた二〇人の白人青年に襲われ、追いかけられた。その襲撃が、意図的だったことは明らかである。

彼の友人たちはかろうじて逃げおおせたが、ムックスタは袋小路に追い詰められた。ジョン・ハーディー検察官によれば、彼は殴られて路上に倒れた。彼は、ボールのように身を丸くして自分の身を守ろうとしたが、顔面は校庭のサッカーボールよろしく前後に蹴られ、たちまち意識を失った。顔はすでに見分けがつかないくらい、グロテスクになっていた。ムックスタは、主に顔面を何度も棒で叩かれ、靴で蹴られたのだった。

加害者たちは、暴行を加えながら『くそったれのパキスタン人野郎！』と繰り返し叫んだ。彼は顔から頭にかけて十文字に四八針の縫合手術を受け、あごの骨は折れていた。そして、七日間昏睡状態だった」

この人種暴力で、ニック・フラー（一七歳）は、有罪となり懲役六ヶ月という判決を受けたが、すでに未決再拘束中に六ヶ月間服役していたという理由で直ちに釈放された。

また、イスラム教徒は、こうした右翼グループやそのシンパからの人種的暴力や嫌がらせに加えて、一部の人種的に偏向した警官からも不当な扱いを受けている。

これについては、人種関係研究所が公刊した意欲的な事例集『黒人に対する警察の取り締まり』(*POLICING AGAINST BLACK PEOPLE*, 1987) が雄弁に物語っている。そして、大半の穏健なイスラム教徒は、警察の取り締まりが人種的に偏向していると信じており、そのことに強い憤りを感じている。

この小冊子から、警察の人種的偏向をうかがわせる事例をいくつか拾ってみよう。先ずは、警察が、被害を通報したパキスタン人女性を逆に非難したケースである。

◇「一九八三年一月、パキスタン人女性が、東ロンドン、タワー・ハムレッツのアパートに戻ると、部屋中にホワイトスピリット（筆者注―ペンキの溶剤）や粉々に砕けたビンのかけらが散乱しているのに気づいた。このアパートでは、普段から人種的暴力事件の発生率が高かったのだが、その場に駆けつけた警官は、彼女が世間の注目を集めるために自分でやったのだと言って、その女性を非

難した」(*CAPA News Bulletin*, March 1985)

次は、警察が、被害者の正当防衛を犯罪扱いにした事例である。

◇「一九八一年八月、国民戦線のシンパ八〇人が、ダンディーのビーチウッド地区で暴れ回り、アジア人と彼らの持ち物を襲った。警察は現場に到着すると、自分たちの身を守ろうとした六人のアジア人(その中には、ケガを負った者も一人いたが)を逮捕した」(*Searchlight*, No76, October 1981)

続いて、警察が、白人の若者による人種的暴力を単にならず者による一般的な事件に過ぎないと決めつけた事例である。

◇「一九八六年四月、ブラッドフォードのアジア人タクシー運転手は、たびたび待ち伏せされて襲われた。モハマド・サイード運転手は、このような襲撃によって病院に運び込まれ、集中治療を受ける結果となった。しかし、西ヨークシャーの警察署長は、一連の襲撃が単なる不良青年による一般的な事件に過ぎないと決めつけ、これらの傷害事件を人種がらみだと呼ぶことはナンセンスだと語った」(*Guardian*, 5 May, 1986)

以上のような社会的背景を憂慮して、「イギリスのイスラム教徒とイスラム嫌いに関する委員会(CBMI)」は、二〇〇一年に刊行した小冊子『偏見とイスラム教嫌いに抗議して』(*Addressing Prejudice and Islamophobia*)の中で、次のように述べている。

◇「当委員会は、一九九六年にラニミード・トラストによって設立された。当時、座長は、サセックス大学副学長ゴードン・コンウェイ教授であった。委員会は、広範な相談に応えるために小冊子『イスラム教嫌い――われわれ全員に対する挑戦』を公刊したが、それは一九九七年秋にジャック・ストロー内相によって下院で取り上げられた。その報告書は、教育、雇用、法律、監視、公約、および社会からの排除に関する六〇の勧告を出した。それらの勧告は、中央政府ばかりでなく、地方教育当局、住宅局、保健衛生局、警察当局を含む地方の公共機関に対するものであった。それらの勧告はまた、雇用者、労働組合、資金提供機関、メディア、イスラム教の団体とコミュニティー、政党、新聞報道苦情委員会、人種平等委員会、およびラニミード委員会自体に対しても向けられたものであった」

このような徹底した勧告にもかかわらず、国際テロ組織アルカイダによる二〇〇一年九月一一日米同時多発テロ以降、イギリス国内におけるイスラム教徒への恐れや警戒心は異常な高まりをみせた。そのため、すでに存在していたイスラモフォビアの風潮は、いっそう強まることとなった。ブレア政権は対テロ対策のために、かねてからロンドンの目抜き通りや地下鉄駅構内に数多くの監視カメラを設置したり、特殊警察による内偵活動を行ったりしていたが、これを機に、テロ防止対策をいっそう強化した。現在、ロンドンは、監視カメラの数が世界で最も多い都市だと言われている。

さて、イスラモフォビアについて、前記の小冊子は、次のように述べている。

「イスラモフォビア（Islamophobia）という言葉は、新しく生まれた英語である。それは、一九九九一年に、初めて活字として用いられた。イギリスでは、一九九七年にラニミード・トラストの報告書が発表された後に、この言葉が知られるようになった。悲しいことに、二〇〇一年九月一一日以来、この言葉を使う機会が多くなってきている」

では、この新語の内容は、具体的にどのように定義されているのだろうか。前記小冊子により、その要点をまとめると、以下のとおりとなる。

この新語は、「イスラム教に対する根拠のない敵意」と定義されてきた。したがって、これは、すべて、または大部分のイスラム教徒に対する恐怖心や嫌悪感を表す言葉だと解釈できる。特に、二〇〇一年九月一一日以来、イギリスやその他の西欧諸国では、イスラム教徒の身なりをしている人々や、その他の理由でイスラム教徒だと思われる人々に対する肉体的、または言葉による暴力、モスクや共同墓地での冒瀆行為、イスラム教の機関への卑猥で脅迫的な電話やE・メール、学校でのからかいやいじめ、すべてのイスラム教徒やイスラム教についての大雑把で否定的な決め付けなど、イスラモフォビアは異常な高まりをみせている。

以上、CBMIが作成した小冊子により、イスラモフォビアの中身とその高まりについて確認した。以下では、しばらく品格紙「オブザーバー」の報道により、九・一一米同時多発テロ以後の警察当局自体のイスラモフォビアについてみるとしよう。

前述のとおり、トニー・ブレア労働党政権は、これまで一貫してアメリカの強硬路線に加担してきたが、九・一一テロとそれに続くイラク戦争の後、イギリス国内でテロが発生する高い可能性に神経を尖らせてきた。二〇〇四年三月、スペインのマドリッドで朝の通勤列車をねらった無差別同時テロが発生すると、「次はいよいよロンドンだ」とばかり、情報局保安部（ＭＩ５）はもちろん、ロンドン警視庁や州警察の緊張は一気に高まった。このことを同紙の記事は、次のように報道している。

「テロの容疑者たちの家宅捜査は、衝撃的だったが、別に驚くべきことではなかった。数ヶ月にわたって、ロンドン警視庁の理事ジョン・スティーヴンスといった警察の幹部は、イギリス国内における不可避のテロ攻撃について警告を出していた。マドリッドで先月発生したテロリストによる攻撃は、秘密警察の神経をすり減らした。『われわれは、マドリッドのテロ以後、どんなに厳しい取り締まりでもできるようになりました。たいへんな緊張があったのです。正直なところ、それは今でも続いています』とさる警察の幹部が、オブザーバー紙に語った」

当然、不審者に対する路上での職務質問（stop and search）や容疑者の家宅捜査が、一段と厳しさを増した。通常、警察が強制家宅捜査に踏み切るまでには、長期にわたる慎重な内偵活動が行われるのだが、非常事態を意識したブランケット内相は、対テロ警察に電話盗聴の特別許可さえ出している。

その結果、対テロ強硬路線に踏み切ったデイビッド・ブランケット内相や警官に対して、心ある識者や一般市民の間から「捜査に行き過ぎがあるのではないか」という声が上がった。

「メトロ」紙（二〇〇四年八月二〇日付）は、警察当局による徹底した取り締まりの様子を、「テロの容疑者（一九歳）が武装警官の急襲で逮捕される」（Terror suspect, 19, held in armed raid）という見出しで、次のように報道している。

「昨日、武装警官がある家を急襲し、一〇代の若者がテロの容疑で逮捕された。逮捕された若者の氏名は明らかにされなかったが、彼はバーミンガム署に移送された（彼はそれまで、他の警察署に拘留されたこともあった）。また、二四歳と三六歳の男性も、当警察署に拘留された。対テロ警察は、二人の同僚が家の外で見張りに立っている間に、セリー・オークの三寝室の家を捜査した。その三人は中東出身だと考えられているが、おおよそ一年前に、その借家に移ってきたようである。その夜、隣家のダイアン・アズマートは、警官（その中には狙撃班や警察犬担当の警官もいたが）が玄関のドアを打ち破る音で目が覚めたと語った。また、六一歳の女性は、『玄関のドアを壊すものすごい音と叫び声が聞こえました。警察犬が吠えていましたし、警官はみんな銃を持っていました』と記者の質問に答えている。

内務大臣デイビッド・ブランケットの対テロ戦争宣言のもとで、二〇〇一年九月一一日から二〇〇四年六月までの間に、六〇九人が逮捕されたが、その中の九九人がテロ関連の犯罪で告訴され、一五人が有罪となった」

この記事からもわかるように、不審人物のアジトに対する家宅捜査の手口は、徹底したものだった。対テロ警察は、不審者の寝込みを襲い、ドアを打ち壊して家の中へ侵入している。外には、見張りを立て、警察犬を配備するという用意周到振りである。また、通常の勤務の場合、イギリスの警官は丸腰であるが、対テロ警官には銃の使用が許されていることがわかる。これは、任務の性格上、当然の措置と言えるだろう。

九・一一米同時多発テロから二〇〇四年六月までの間に、こうした強制家宅捜査で逮捕されたイギリス国内のテロ容疑者は実に六〇九人に上ったが、そのうちテロ関連の犯罪で告訴されたものは、わずか六分の一の九九人に過ぎなかった。また、告訴された者の中で、有罪となった者は一五人しかいなかった。

ここで重要なことは、秘密警察によって逮捕されたこれらテロ容疑者の大半が、イギリス国籍のイスラム教徒だったことである。これについて、「オブザーバー」紙の記事は、こう報じている。

「イギリスへのテロの脅威の認識は、アメリカにおけるアルカイダの攻撃以来、ここ数年で変化をみせている。それ以来、イギリスへの脅威は、オサマ・ビン・ラディン、または彼の側近の一人によって画策される攻撃ということになった。テロ組織の細胞は、おそらく爆発物か放射性物質を装備しているだろうが、イギリスに潜入すると考えられていた。しかし、現代におけるイスラム教の好戦性の理解が進むにつれて、そうした見解は見直された。先ず、秘密警察は、亡命者、特にイギリス国内にいるアルジェリア人に焦点を合わせた。次に、彼らは、最近イスラム教に改宗した人々やアフリカ系カリブ人の社会に目を向け始めた。しかし、昨年、警察の幹部たちがイギリスにおける多くの潜在的な自爆テロの志願者の存在について私的な見解を述べたとき、彼らは若いイギリス生まれのイスラム教徒に目を向けていた。反テロリズムの言葉でフリーランサーと呼ばれているこうした若者たちは、自立的に、しかも匿名で活動し、彼ら自身の私的なテロリストの野望を果たすのである。海外における若いイギリス人が関わった一連のテロ事件は、このような認識を強めている。ある人々にとって、そうした評価は、『内なる敵』についての遅すぎた認識に過ぎない」この記事は、注目すべき点を指摘している。すなわち、イギリスの警察幹部は、海外の国際テロリストはもちろんのこと、国内にいるアルジェリア人、西インド諸島人、パキスタン人などの動向を分析した結果、ロンドン同時多発テロが発生する一年以上も前に、テロの実行犯が（海外から潜入してくる国際テロリストではなく）、イギリスで生まれ育ったイスラム教徒の中から出るだろうと予測していたことである。この国の特殊警察（ＭＩ５）とロンドン警視庁の捜査能力は世界的にも高い評価を受けているが、ロンドン同時多発テロ以後、改めてそれが再認識されたのだった。

さて、イギリス国内におけるこうしたテロへの厳しい取り締まりについてＨ・アスワルは、「人種関係研究所の分析―誰がテロリストか」（Analysis : who are the terrorist?）と題した報告書の中で、イギリス在住のイスラム教徒に対する警察当局の偏向と一般の人々の先入観に警鐘を鳴らしている。すなわち、彼は、このレポートの中で、一般のイギリス人は特殊警察によって逮捕され有罪判決を受けた者の大部分がイスラム教徒だと思い込んでいるが、それは間違いだと指摘したのである。ちなみにこのレポートは、二〇〇四年夏、ロンドン人種関係研究所のH・ウォーターズ博士が筆者に直接手渡してくれたものである。

アスワル氏は、こう言っている。

◇「イギリスの厳しい対テロ法についての議論は、それらの法律の下で逮捕された人々の有罪率が低いことに焦点が合わされてきた。しかし、この議論で無視されているのは、有罪判決を受けた人々の中の多くがイスラム教徒ではなく、白人の体制支持者、または人種差別主義者だったということである」

移民、難民、または亡命者として、パキスタン系やアラブ系のイスラム教徒を数多く抱えているイギリスでは、政府や治安当局はもちろんのこと、一般の人々の間にも、テロとの関連で彼らイギリス国内のイスラム教徒に対する懸念や先入観が根強かったことは否定できない。この報告書は、人々のそうした懸念や先入観が間違いである根拠として、次のように述べている。

「内務省の数字によれば、二〇〇一年九月一一日以来、六〇九人が逮捕され、そのうちの九九人が、『テロ防止法二〇〇〇』に対する違反で告訴された。そして、二〇〇四年六月三〇日の記事に見るように、告訴されたのは一五件であった。ここ数年来、派手な逮捕劇とメディアの報道を目の当たりにしているので、人々はこの告訴のすべてが、イスラム教徒に対するものだと思いがちである。二〇〇四年八月三日、一三人の男が逮捕されたが、二〇〇四年八月八日付サンデー・エクスプレスの見出しは、『コカ・コーラ爆弾、シアン化物の恐怖』であったし、ニュース・オブ・ザ・ワールドの見出しは、『地下鉄内の九・一一』であった。

人種関係研究所は、これら一五件の告訴のうち、一一件の内容を文書で明らかにした。その調査によれば、二〇〇〇年の対テロ法に基づいて有罪判決を受けたイスラム教徒は、わずか三人だった。しかも、そのうちの二人は、その有罪判決に対して上級審に上告することが認められている。さらに、少なくとも二一人のイスラム教徒に対する告訴は、実際に法廷に持ち込まれたが、取り下げられたか、または嫌疑が立証されなかった。この他にも非常に多くの人々が、対テロ法に基づいて派手な手入れを受けて逮捕され、テロリストの容疑で告訴されたが、結局彼らはその後問責なしに密かに釈放されたり、出入国管理官によって再逮捕されたり、その他の犯罪によって告訴されたりしている。

しかも、二〇〇〇年の対テロ法のもとで有罪判決を受けた人々のうちの六人は、白系イギリス人であった。彼らは、法律で禁止されている「ロイヤリスト」(筆者注—国粋主義の団体)のシンボルのついた指輪をはめたり、旗を持ち歩いたりするような違反で有罪判決を受けたのである。二〇〇〇年の対テロ防止法では、法律で禁止されている組織を支持するTシャツの着用さえも違反とされた。さらに、二人の非イスラム教徒が、二〇〇一年の対テロ法、および治安維持法のもとで有罪となっている」

要するに、九・一一米同時多発テロ以来、イギリス国内のイスラム教徒は、対テロ防止法に基づく容赦のない取り締まりの標的とされ数多くの者が逮捕されたのだが、その大部分はテロとは関わりのない善良なイギリス市民だったわけである。さらに、大方の予想に反して、有罪判決を宣告された一五人の大部分は、イスラム教徒ではなく白系イギリス人であった。

こうした状況を背景として、当然、イスラム教徒の間に「警察は、われわれを目の敵にしている」というそれまで十数年来鬱積していた不満がさらに高まった。

事実、テロの容疑で、強制家宅捜査を受けたあるパキスタン人女性は、未明に踏み込んできた警察官に向かって、「あなた方は、私たちがイスラム教徒だから、こんなことをするんですか」と強い不満をぶつけている（*The Observer*, 4 April 2004）。これに対して当の警官は、平然と、「そんなことは、ない」と答えているが、この女性は同紙の記者に対して、「警官はこれまでに、イスラム教徒以外の家を強制捜査したことがあったでしょうか」とその悔しさを吐露している。

この記事によれば、彼女の家の強制捜査は徹底したものだった。警察は家中をくまなく調べ、銀行の残高通知書、キャッシュカード、アラビア語とウルドゥー語の書類、コンピューター、英国とパキスタンのパスポート、二〇〇〇ポンド近い現金など、捜査に役立つと思われる物はすべて押収していった。

さて、ＩＲＲ（人種関係研究所）が明らかにした事実にもかかわらず、警察当局の懸念―テロの実行犯がイギリスで生まれ育ったイスラム教徒の中から出るのではないか—が単なる杞憂に終わることはなかった。果たせるかな、翌年、七月七日と二一日の二回にわたって、ロンドンの交通機関を標的にした同時多発テロの実行犯は、四人ともイギリス生まれの若いイスラム教徒だったのである。これは警察当局や一般の人々が密かに懸念していたことではあるが、いざそれが現実に起こってみると、イギリス人のショックは計り知れないものだった。

周知のとおり、このテロは、朝の通勤ラッシュに照準を合わせ、四ヶ所で実行された。最初の爆発は、午前九時前、ロンドンの中心部を走る三つの地下鉄路線の車両内で相次いで起こった。続いて、四回目の爆発は少し間をおいて九時四〇分過ぎだったが、今度は地下鉄の車両内ではなく、キングスクロスからマーブルアーチに向かっていたダブルデッカーの二階で起きた。この爆発によって、バスの二階部分は吹っ飛び、黒煙を上げて燃えるバスの周辺には、犠牲者の遺体が転がっていた。これら四つの爆発は、スペインのマドリッドとは違って、いずれも自爆テロであった。

事件当日、メディアが報じた情報によれば、四ヶ所で合計死者三五名、重軽傷者約七〇〇名ということだったが、その後、病院で亡くなった人も含めると、死者の合計は五六名にも達した。

さて、イギリスで生まれ育った若いイスラム教徒は、なぜこのような暴挙に及んだのだろうか。その主な理由は、四つ考えられる。

その一は、彼らがイギリスという白人社会から疎外され差別されていると感じていることである。

それは、彼らが相対的に貧しい地域に集住していること、雇用や昇進の際に差別されていること、職場以外で白人との個人的な付き合いがほとんどないこと、などからも明らかである。彼らは、イギリスとパキスタン、またはイラク、アフガニスタンという二つの祖国の間で、アイデンティティーの危機に直面しているのだ。換言すれば、それは英国人としての国籍と生活を取るか、あるいはまた、人種・民族としての血と文化を取るかの問題なのである。

その二は、彼らの高い失業率とその結果としての貧困である。彼らの失業率は、白人の若者の四倍にも達していると言われている。一般に、白人とエスニック・マイノリティーの間の失業率格差は、不況時に拡大し好況時には縮小するものだが、近年の労働力調査によると、イギリスの経済が活況を呈しているにもかかわらず、両者の格差は広がっている。

これを具体的な数字で示すと、一九八〇年代後半の好況時における白人とエスニック・マイノリティーとの失業率格差は一・四倍であったが、同じく経済が活況を呈していた二〇〇〇年春には二・四倍、さらに二〇〇一年一月には二倍と、その格差が白人よりも高い状態のまま推移している。正に、イスラム教徒は、白人社会における「下流階級」を構成していると言わざるを得ない。

その三は、すでに見てきたように、右翼グループとそのシンパ、さらには一部の警官によるイスラム教徒に対する人種的暴力や嫌がらせが絶えないことである。したがって、白人からのこうした迫害に対して、若いイスラム教徒の怒りが鬱積していたのである。

その四は、一握りのイスラム原理主義者はもとより、イギリス在住のイスラム教徒の大部分を占めるモスク穏健派までもが、現在、イラクやアフガニスタンで進行している英米主導のテロ掃討作戦に強い義憤を感じていることである。と言うのは、この作戦によって、無実の同胞たちが三万人以上も犠牲になっているからである。

白系イギリス人が彼らイスラム教徒と共生し、より豊かで調和の取れた多文化社会を築くためには、ここに挙げたいくつかの障害を一つひとつ粘り強く取り除いていかなければならないと考える。

あとがき

本書は、第二次大戦後のイギリスにおける有色移民と白系イギリス人との人種関係の全体像を、特に都市における人種摩擦と人種暴動、右翼組織や一部の警官による人種的嫌がらせ、さらには自治体によるそれへの取り組みに力点を置きながら模索した。

その結果、イギリスには、依然として有色移民とその子弟に対する偏見と差別がさまざまな分野でみられると同時に、右翼組織による有色移民排斥の動きが活発であることもわかった。しかし一方、ロンドン、レスター、バーミンガムでの現地調査では、近年、特に若い世代のイギリス人が、ますます自由かつ世界市民的な価値基準で行動し、過去の栄光や肌の色や国籍にこだわらなくなってきたという事実を知ることができた。

さて、この二つの相反する事象は、有色移民の人種関係の将来にどのような影響を与えるのだろうか。結論から先に言えば、筆者の展望はこうである。すなわち、イギリスにおける有色移民の人種関係は、短期的には両者の綱引きの中で行きつ戻りつしながらも、長期的には徐々に調和の取れた共生と融合に向かって進展するということである

筆者はその主な理由として、次の五つを挙げたい。

第一は、年配の世代と違って、今日、イギリスの若い世代が、地域的な偏りはあるにしても学校や職場やコミュニティーで有色移民と生活を共にし、互いに人間としてのふれあいを経験していることである。一部の右翼青年やそのシンパは論外として、特に幼少期から青年期までを、彼らと一緒に過ごすことの意味は大きいと言わなければならない。こうした経験を持たなかった年配の世代は、有色移民が流入し始めた当時、急速に増えつつあった肌の黒い異邦人に対して必要以上の違和感や恐怖心を抱いたものと思われる。

第二は、年配の世代とは違って、今日、イギリスの若い世代が、かつて世界の頂点を極めた大英帝国の威光をあまり意識しなくなったことである。言ってみれば、年配の世代はそうした過去の栄光がもたらす人種的・民族的優越感にとらわれていたため、ペッキング・オーダーの頂点に立っているという意識が強かったのだが、現実的で合理的な現代の若者たちは、そうした過去の栄光にとらわれることなく、豊かで楽しい目前の生活に目を向け始めたのである。ちなみに、イギリスの若者は、一九五〇年代のビートルズの出現を契機として、自己主張を始めたと言われているが、それまでの彼らは、ヴィクトリア王朝の古い価値観にこだわっていた親たちの考え方から抜け出せなかったのだ。さらに、一九八〇年代に入ると、世界的な多文化主義の流れの中で、若者たちは自分の周囲にいる黒人やアジア人の考え方や生活文化に、なお一層の共感と理解を示すようになったのである。

第三は、学校や自治体による人種や文化の違いを理解する教育（The Racial Awareness Training）が普及したことである。こうした努力がなされるのは、現在三五〇万人あまりの有色移民とその二世、三世を抱え、さまざまな問題に直面しているイギリス人が、彼らとの良好な人種関係なしには将来の明るい展望が開けないと考えているからだろう。

第四は、テレビ、新聞、ラジオなどのメディアによる、反人種差別主義に向けての世論形成が進展したことである。第九章で紹介した黒人との異人種間結婚に関するＢＢＣのドキュメンタリー番組はその好例である。

第五に、今日、イギリスの若者は、概して政治には無関心であるが、世界の若者に共通する身近な生活文化には強い関心を持っているということである。それを具体的に挙げれば、異性との自由な交際、ファッション、エスニック料理、外国旅行、好みに合ったスマートな車、サッカー、ラグビー、格闘技などのスポーツ、ポップス・ジャズ・ヒップ・ホップなど様々なジャンルの音楽、映画、テレビ番組、個人的趣味についての雑誌、パソコンや携帯電話によるメールの交換、インターネット、ゲームなどと多岐にわたっている。換言すれば、彼らは、過去の栄光や伝統といった自分たちを一定の型にはめ込もうとする桎梏には強く反発し、より自由に、より自律的に、より世界市民的に、行動したいと考えているのである。したがって、これからはますます人種や国籍にこだわらない異人種間結婚が増えるものと考えられる。実際のところ、筆者が数回にわたって訪れたインド系移民の街レスターでは、白人と少数民族の若いカップルをしばしば見かけた。

おそらく、筆者がここに描いた展望は、楽観的過ぎると非難されるかもしれない。しかし、ジョン・レノンと小野ヨーコが世紀の名曲『イマジン』の中で思い描いた「殺し合いも、偏狭な宗教も、強欲や貧困も、そして国境さえもない理想郷」に一歩でも近づくためには、こうした新しい発想の若者を中心に、すべての人々が粘り強く希望を持って前進しなければならないだろう。

巻末には、それぞれから貴重なヒントや情報を得ることができた引用・参考文献の一覧を挙げた。改めて、著者の方々に敬意を表すると同時にお礼を申し上げたい。

本書の公刊に当たって、企画の段階から、終始温かいご理解とご支援を下さった信山社の渡辺左近社長には、心からの謝意と敬意を表したい。なお、同社の中村文子さんには、編集と校正という骨の折れる作業に終始誠意と細心の注意をもって取り組んでいただいた。ありがとうございました。

また、筆者の現地調査に労を惜しまず協力してくれた方々、特にレスター市人種関係委員会のポール・ウィンストン氏、ロンドン人種関係研究所のヘイゼル・ウォーターズ博士、ロンドン・ニューアム監視プロジェクトのシリウス・ヴィクター氏、バーミンガム市在住の人種問題の専門家ポール・グラント氏には深謝したい。

最後に、長期にわたって本書の執筆に取り組んできた筆者を温かく見守ってくれた妻の美佐子にも、ささやかな謝意を表したい。

〈引用・参考文献〉

Alam, F., *Hardline youths divide Muslims*, The Observer, 4 April, 2004.

Athwal, H., *Analysis: who are the terrorists?*, IRR News, 12 August, 2004.

Birmingham City Strategic Partnership, *Interpreting and Partnership*, September 2003.

Black Women's Network, *STILL ON THE MARGINS - MAINSTREAMING BLACK WOMEN'S ISSUES*

Bourne, J., *TOWARDS AN ANTI-RACIST FEMINISM*, IRR, 1984.

Bourne, J. et al., *OUTCAST ENGLAND: HOW SCHOOLS EXCLUDE BLACK CHILDREN*, London: IRR, 1994.

Bowcott, O., *High Court rules 'Paki' is racist terms*, Guardian Weekly, 2003.

Brandt, G. L., *The Realization of Anti-racist Teaching*, The Falmer Press, 1986.

b: RAP, *Beyond Racial Identity*, Birmingham Race Action Partnership Ltd, 2002.

b: RAP, *fact and friction*, ETHNICITY BASELINE DATA PROJECT SUMMARY REPORT, 2004.

b : RAP, *It's about you*, PROGRESS REVIEW 1999 to 2002.

b: RAP, *STILL ON THE MARGINES-MAINSTREAMING BLACK WOMEN'S ISSUES*, taking black women's voices from the margines to the mainstream, A report commissioned by the Black Women's Network, 2004.

Bullivant, B. M., *The Ethnic Encounter in the Secondary School*, The Falmer Press, 1987.

Butcher, A., *Race Relations in Britain*, A Lecture at Numazu College of Technology, 1986.

Butterworth, E. and Weil, D., *Social Problems of Modern Britain*, Fotana/Collins.

Campaign Against Racism and fascism（CARF）, *SOUTHALL, THE BIRTH OF A BLACK COMMUNITY*, 1981.

Cantle, T., *We need to have a widespread and open debate about race issues*, The Guardian, 11 August, 2004.

CARF, *SOUTHALL-THE BRITISH OF A BLACK COMMUNITY*, 1981.

CARF, No 44, Russell Press, June / July, 1998.

CARF, No 45, Russell Press, August / September, 1998.

CARF, No 46, Russell Press, 1998.

CARF, No 71, *new empire, new solidarity*, SUMMER 2003.

CARF, *SOUTHALL-THE BRITISH OF A BLACK COMMUNITY*, London: Russell Press, 1981.

Cashmore, E. E., *RACE AND ETHNIC RELATIONS*, Routledge, 1984.

COMMISSION FOR RACIAL EQUALITY, *The Race Relations (Amendment) Act 2000: STRENGTHENING THE RACE RELATIONS ACT*, December 2000.

Commission on British Muslims and Islamophobia, *Addressing Prejudice and Islamophobia*, Autumn 2001.

Community Integration Partnership, *Working to aid the Integration of Refugees*, 2004.

Daily Mail, *Racial conflict 'is at its worst for 50 years'*, Monday, 9 August, 2004.

Daily Mirror, 8 September, 1998.

Davies, N., et al, Rioters set Brixton ablaze, THE OBSERVER, 29 September, 1985.

Daniel, W. W., *Racial Discrimination in England*, Penguin Books, 1968.

Ethnicity and the Further Education Sector in Birmingham and Solihull, *Furthering Education, Furthering Equality?*, Birmingham Race Action Partnership, May 2003.

ETHNICITY BASELINE DATA PROJECT, *Fact & Friction*, 2002.

Farell, S., *Suspect's death in police custody was accidental*, The Times, 7 December, 1996.

Foot, P., *IMMIGRATION AND RACE IN BRITISH POLITICS*, Penguin Books, 1965.

Gleeson, D., *Sociology-A Modern Approach*, Oxford University Press, 1993.

Grant, P. and R. Patel, *A TIME TO SPEAK: Perspective of Black Christians in Britain*, Racial Justice and the Black Theology Working Group, NOVEMBER 1990.

Grant, P. and R. Patel, *A TIME TO ACT*, Racial Justice and the Black and Third World Theological Group, APRIL 1992.

Grosvenor, I. et al., *BIRMINGHAM BLACK, MAKING CONNECTIONS*, Black Pasts, Birmingham Futures Group, 2002.

Hewitt, R., *White Talk, Black Talk*, CAMBRIDGE UNIVERSITY PRESS, 1986.

Hilton, A., *This England 1960-1965*, New Statesman, 1965.

Home Office, *Asylum Statistics* : 1ST Quarter 2004, United Kingdom.

Human Rights Watch, *Racist Violence in the United Kingdom*, 1997.

Husband, C., *'RACE' in Britain*, Hutchinson, 1982.

INSTITUTE OF RACE RELATIONS, BOOK ONE, *Roots of racism*, 1980.

INSTITUTE OF RACE RELATIONS, BOOK TWO, *Patterns of racism*, 1982.

INSTITUTE OF RACE RELATIONS, BOOK THREE, *How racism came to Britain*, 1985.

INSTITUTE OF RACE RELATIONS, BOOK FOUR, *The fight against racism : A PICTORIAL HISTORY OF*

ASIANS AND AFRO-CARIBBEANS IN BRITAIN, 1986.

INSTITUTE OF RACE RELATIONS, *POLICING AGAINST BLACK PEOPLE*, 1987.

INSTITUTE OF RACE RELATIONS, *BLACK HISTORY: THE PRESENT IN THE PAST* , 2003.

IRR, *Analysis: Who are the Terrorists?*, 12, Aug. 2004.

IRR, *LATEST IRR NEWS ARTICLES*, IRR NEWS TEAM, 2004.

Jacobs, B. D., *Black Politics and Urban Crisis in Britain*, Cambridge University Press, 1986.

Jenkins, R., *Inquiry into skirmish that became a war*, THE TIMES, 9 July, 2001.

Jenkins, R. and Solomos, J., *Racism and Equal Opportunity Policies in the 1980s*, ESRC, 1994.

Jones, A., *MAKING MONITORING WORK, A Handbook for Racial Equality Practioners*, THE UNIVERSITY OF WARWICK, May 1996.

Kempson, E., *Overcrowding in Bangladeshi Households*, Policy Studies Institute, 1999.

Kuper, J., *Race and Race Relations*, Batsford Academic and Educational LTD, 1984.

Lambeth, *Equalities update 2002-03*.

Leeser, R. et al., *Without Prejudice?: Exploring ethnic differences in London*, Greater London Authority, August 2000.

Leicester City Council, *ETHNIC MINORITIES IN LEICESTER*, Facts from the 1991 Census.

Leicestershire County Council, Leicestershire Constabulary and Leicester City Council: *Racial Harassment in Leicestershire, what you can do about it.*

LEICESTERSHIRE COUNTY COUNCIL, Leicester City Council, *RACIAL HARASSMENT PROJECT 93 AN-*

NUAL REPORT, 1993.

LEICESTERSHIRE COUNTY COUNCIL, Leicester City Council, *RACIAL HARASSMENT PROJECT ANNUAL REPORT 1995-96*.

Lesser, R. et al, *Without Prejudice? -Exploring Ethnic Differences in London*, London: Greater London Authority, 2000.

Lockwood, D., *THE BLACKCOATED WORKER*, CLARENDON PRESS, 1966.

London: Lambeth Council, *Guidance on Racial Incident Monitoring*.

Madgwick, P. J. et al, *BRITAIN SINCE 1945*, Hutchinson, 1982.

Marwick, A., *British Society Since 1945*, Penguin Books, 1984.

Mason, D., *Race and Ethnicity in Modern Britain*, OXFORD UNIVERSITY PRESS, 2000.

Mason, D., *EXPLANING ETHNIC DIFFERENCES: Changing Patterns of Disadvantages in Britain*, The Policy Press, 2003.

McDowall, D., *AN ILLUSTRATED HISTORY OF BRITAIN*, Longman Group UK Limited, 1989.

METRO, *Terror suspect ,19, held in armed raid*, 20 August, 2004.

Mikes, G., *A Satirical Glance*.

Mikes, G., *How to be an Alien*.

Miles, R. and Phizacklea, *RACISM AND POLITICAL ACTION IN BRITAIN*, Routledge and Kegan Paul, 1979.

Modood, T. et al., *ETHNIC MINORITIES IN BRITAIN*, POLICY STUDIES INSTITUTE, 1997.

MULTI-AGENCY INITIATIVE, *RACIAL HARASSMENT IN LEICESTER-What you can do about it*.

Musman and Richard, *Background to English-speaking Countries*, Macmillan Language House, 1987.

NMP, *NEWHAM, THE FORGING OF A BLACK COMMUNITY*, NMP and CARF, 1991.

NMP, *THE ENEMY IN OUR MIDST*, AN NMP PUBLICATION, 1995.

NMP (Anti-Racist Trust), *Annual Report 2000-2001*.

NMP, *Annual Report 2000-2001*.

NMP, *Annual Report 2002*.

NMP, *Annual Report 2003*.

NMP, *Annual Report 2003-2004*.

NMP, *RACIAL HARASSMENT : why put up with it when you can fight it ?*, 2004.

NMP, *What to do if you suffer a racist attack*, 2004.

Orwell, G., *The Collected Essays*, Vol. 3, SECKER AND WARBURG, 1968.

Parekh, P. et al., *The Future of Multi-Ethnic Britain*, PROFILE BOOKS, 2000.

Patel, R. and P. Grant, *AT THE HEART OF THE SYSTEM*, Birmingham Race Action Partnership, June 2003.

Patterson, S., *Dark Strangers*, Penguin Books, 1965.

Patterson, S., *Immigrants in Industry*, Oxford University Press, 1968.

Pedley, F. H., *The Educational System in England and Wales*, Pergamon Press, 1964.

Phizacklea, A., and Miles, R., *Labour and Racism*, Routledge and Kegan Paul, 1980.

Pilkington, A., *Race Relations in Britain*, The Pitman Press, 1984.

Pilkington, E., *Beyond the mother country*, 1988.

Race Equality Sandwell, *RACE HARASSMENT AND DISCRIMINATION IN SANDWELL*, OCTOBER, 2003.

RACIAL HARASSMENT PROJECT, *ANNUAL REPORT: April 93-March 1994*, LEICESTERSHIRE COUNTY COUNCIL

RACIAL HARASSMENT PROJECT, *ANNUAL REPORT, APRIL 1995-MARCH 1996*, LEICESTER COUNTY COUNCIL, Leicester City Council.

Ratcliffe, P., *'Race', Ethnicity & Nation*, UCL PRESS, 1994.

Ratcliffe, P., *'Race', Ethnicity and Difference*, Open University Press, 2004.

Rayle, E., *Modern Britain*, Edward Arnold, 1987.

Reeves, F., *British Racial Discourse*, CAMBRIDGE UNIVERSITY PRESS, 1983.

Rex, J. and Mason, D., *Theories of Race and Ethnic Relations*, ESRC, 1986.

Rex, J. and Moore, R., *Race, Community and Conflict*, OXFORD UNIVERSITY PRESS, 1967.

Royle, E., *Modern Britain*, Edward Arnold, 1987.

Runnymede Trust, *The, Britain's Black Population*, Heinemann Education Books, 1980. SEARCHLIGHT, NOVEMBER 1996, No 257.

Scarman, Lord, *The SCARMAN REPORT*, Pelican Books, 1981.

SEWELL, T., *KEEP ON MOVING: The Black Experience from 1948*, Voice Enterprises Ltd, 1998.

SHAFTESBURY JUNIOR SCHOOL, *One Code of Conduct*, 1998.

Shepherd, J., *A SOCIAL ATLAS OF LONDON*, CLARENDON PRESS, 1974.

Sivanandan, A., *Asian and Afro-Caribbean struggles in Britain*, IRR, 1986.

Sivanandan, A., et al, *The three faces of British Racism*, IRR, 2001.

Skellington, R., *Race in Britain Today*, SAGE Publication, 1996.

SLATER, R., *WAYNE ONE HOUR AFTER POLICE BEATING*, Caribbean Times, 16 December, 1995.

Smith, G., *THE ENGLISH COMPANION, PAVILION*, 1984.

Smith, M., *Teenagers were hit by shotgun pellets, says police*, THE TELEGRAPH, 16 December, 1995.

Smith, M. et al., *ARTICLES ON BRIXTON RIOT*, p. 11, THE DAILY TELEGRAPH, SATURDAY, DECEMBER 16, 1995.

Solomos, J., *Black Youth, Racism and State*, Cambridge University Press, 1988.

Solomos, J., *Race and Racism in Contemporary Britain*, Macmillan, 1989.

The Observer, *Rioters set Brixton ablaze*, 29 September, 1985.

The Observer, *21ST CENTURY CITY, BIRMINGHAM*.

The Observer, *Hardline Youths divide Muslims*, 4 April, 2004.

The Observer, *Equality Chief branded as 'Right Wing'*, 4 April, 2004.

The Times, September 4, 1998.

The Times Educational Supplement

THE TIMES, *THE BRADFORD REPORTS*, Inquiry into skirmish that became a war, MONDAY, JULY 9, 2001.

Troyna, B., *Racial Inequality in Education*, Tavistock Publication, 1987.

Troyna, B. and Williams, J., *Racism, Education and the State*, CROOM HELM, 1986.

Vansia, M., *VIRTUAL EQUALITY*, 1998.

Walford, G., *Schooling in Turmoil*, CROOM HELM, 1985.
Walvin, J., *PASSAGE TO BRITAIN*, Penguin Books, 1984.
Warren, S. and D. Gillborn, *Race Equality and Education in Birmingham*, Education Policy Research Unit and University of London, January 2003.
Waters, H. et al., *BLACK HISTORY : THE PRESENT IN THE PAST*, IRR, July-September 2003.
WIDEMAN, J. et al., *COMMUNITY, COHESION AND THE STATE*, IRR, 2004.
Williams, L. O., *Partial Surrender*, The Falmer Press, 1988.
Wright, D., *Multiculturalism-an issue Japan must deal with in near future*, *The Japan Jimes*, 4/10/1998.
青木利夫『ロンドンからの手紙』朝日新聞社　一九七八
佐久間孝正『イギリスの多文化・多民族教育』国土社　一九九三
佐久間孝正『変貌する多民族国家イギリス』明石書店　一九九八
スチュアート・P著、山岸勝榮＝日野寿憲訳『イギリス少数民族史』こびあん書房　一九八八
高尾慶子『やっぱりイギリス人はおかしい』文藝春秋　二〇〇六
富岡次郎『現代イギリスの移民労働者』明石書店　一九八八
土生修一「多民族都市ロンドンが怯えるテロの脅威」中央公論　二〇〇五年一二月
巻口勇次『イギリスの実像を求めて』筑波書房　一九八三
巻口勇次『英国的発想法の研究』筑波書房　一九八三
巻口勇次「多民族国家イギリスの抱える人種問題」研究社「時事英語」二〇〇二
巻口勇次「多文化社会の行方」中日新聞　二〇〇四年一月一三日

巻口勇次『笑いを楽しむイギリス人』三修社　二〇〇四
マークス寿子『イギリス歳時記』講談社　一九九四

〈著者紹介〉

巻口勇次（まきぐち・ゆうじ）

1934年生まれ。東京教育大学（現・筑波大学）卒業。常葉学園大学外国語学部・大学院元教授。専門はイギリス地域研究（特に、階級・人種・教育問題）。ケンブリッジ大学英文学部聴講生、オックスフォード大学ユニヴァーシティ・コレッジ客員研究員としてイギリス社会と文化の実際に触れる。（社）日本時事英語学会・第九代会長。静岡県立大学大学院、北陸先端科学技術大学院大学などでも非常勤として教壇に立つ。著書に『英国的発想法の研究』『イギリスの実像を求めて』詩集『白い窓辺で』（筑波書房）、『笑いを楽しむイギリス人』『イギリスの風景』（三修社）、『誘惑するイギリス』〔共著〕（大修館）、『英語表現使い分け辞典』〔共著〕（創拓社）、『中学英語指導法事典』〔共著〕（開隆堂）、『ジュニア・エヴリデイ辞典』〔共著〕（中教出版）、『目標達成システム― SISの手法』〔共著〕（日刊工業新聞）等がある。論文は「日本の教育を通してみた英国の対日イメージ」（「時事英語学研究」日本時事英語学会）、「多民族国家イギリスの抱える人種問題」（「時事英語」研究社）など多数。

現代イギリスの人種問題

有色移民と白系イギリス人の多様な人種関係

2007年（平成19年）7月10日　第1版第1刷発行

著　者　巻口勇次

発行者　今井貴
渡辺左近

発行所　信山社出版

〒113-0033 東京都文京区本郷6-2-9-102

TEL 03（3818）1019

FAX 03（3818）0344

Printed in Japan

印刷・製本／松澤印刷

ISBN 978-4-7972-2489-4　C3036